KB262718

마음이 바뀌면 세상이 바뀐다

생명의 언어로 메아리치는 광덕 스님 법문집

마음이 바뀌면 세상이 바뀐다

ⓒ 광덕, 2008

2008년 2월 18일 초판 1쇄 발행
2018년 7월 20일 초판 5쇄 발행

지은이 | 광덕 스님
발행인 | 박상근(至弘)
편집인 | 류지호

펴낸곳 | 불광출판사 03150 서울시 종로구 우정국로 45-13, 3층
　　　　대표전화 420-3200 편집부 420-3300 팩시밀리 420-3400
　　　　출판등록 제 300-2009-130호(1979.10.10.)

ISBN 978-89-7479-710-2 03220

값 15,000원

잘못된 책은 구입하신 서점에서 바꾸어드립니다.
독자의 의견을 기다립니다. www.bulkwang.co.kr
불광출판사는 (주)불광미디어의 단행본 브랜드입니다.

생명의 언어로 메아리치는 광덕 스님 법문집

마음이 바뀌면 세상이 바뀐다

불광출판사

◉
❮ 생명은 밝은 데서 성장한다 ❯

생명은 밝은 데서 성장한다. 인간은 밝은 사상에서 발전이 있다.
우리의 본 면목이 원래 밝은 생명이기에….

어둠을 찢고 솟아오르는 찬란한 아침 해를 보라.
거침없는 시원스러움이, 넘쳐나는 활기가,
모두를 밝히고, 키우고, 따뜻이 감싸주는 너그러움이 거기 있다.
이 한 해를 결코 성내지 않고, 우울하지 않고, 머뭇대지 않고, 밝게 웃으며,
희망을 향하여 억척스럽게 내어닫는 슬기로운 삶으로 만들자.

빛을 향하는 곳에 행운이 있다. 성공이 온다.
오늘 우리는 몇 번 남을 칭찬하였던가.
오늘 우리는 몇 번 남의 허물을 말하였던가.
칭찬하면 태양이 나의 주위에서 빛나고, 비방하면 어둠이 나를 감고 돌아간다.
칭찬하는 마음에는 천국이 열리고, 비방하는 발길에는 가시덤불 엉기나니….

입은 진실과 광명을 토하는 문이다. 언제나 찬탄과 기쁨을 말하도록 하자.
쾌활은 빛이고 우울은 어둠이다. 쾌활과 우울은 공존하지 못한다.
쾌활해지면 우울이 사라지고, 우울해지면 쾌활이 사라진다.

쾌활하게 살자. 크게 웃고 살자. 우울해지면 웃음을 터뜨리자.

마음이 밝을 때 건강과 행운이 오는 법이다.

사람들 중에는 말과 표정과 몸가짐 전체로 밝게 빛나는 사람이 있다.

이런 사람은 어디를 가나 환영받는다.

설사 초청받지 않은 자리라도 마치 겨울의 햇빛처럼 누구에게나 환영받는다.

초청받은 사람이라도 마음이 어두운 사람은 언젠가는 사람들이 싫어한다.

사람이 우울한 것을 싫어하기 때문이다.

마음 밝은 사람에게는 행운이 따라 붙고, 어두운 사람에게는 불운이 따라 붙는다.

나는 불행하다고 생각하였을 때 불행한 일은 찾아든다.

그러니 결코 근심스러운 표정이나 성난 표정은 하지 말아야 한다.

생각은 이것이 하나의 조각가와도 같다. 사람의 용모 위에 재주를 부린다.

사람을 미워하면 주름살을 나타내고, 슬퍼하면 얼굴 위에 슬픔을 그려낸다.

따뜻한 자비심은 보살을 나타내고, 근심 걱정할 때에는 용모를 어둡게 만들어 간다.

용모가 어두울 때, 어두운 운명이 오는 법이다.

마땅히 모든 근심 걱정 털어버리고 밝은 행복을 생각할 것이다.

평화롭고 만족스런 표정, 희망에 넘치는 미소는

그 사람에게 영원한 젊음과 아름다움을 나타낸다.

아무리 어두운 구름이 덮여 오더라도 태양은 거침없이 찬란한 빛을 부어댄다.

아무리 고난과 불안이 밀어닥쳐도 우리의 희망, 우리의 전진을 가로막지는 못한다.

구름을 벽으로 아는 자에게 길이 막힌다. 구름을 두려워 떠는 자에게 불행이 온다.

고난과 불행은 움직이는 필름의 영상과 같이 나타났을 때 사라진다.
그것은 그림자다.

두려워 말고 흔들리지 말고 앞으로 나아가자.
희망과 용기와 자신을 더하고 성공을 꿈꾸자.
영겁의 생명, 진리의 태양은 지금 우리의 가슴을 뛰고
시시각각 우리의 결단을 기다리고 있다.
원래 우리의 마음은 보름달과 같이 원만한데 이를 가로막는 것은 번뇌망상이다.

원망, 질투, 시기, 분노, 복수심, 슬픔, 삿된 욕망, 쓸쓸한 생각, 또는
무거운 죄의식—이런 것들이 우리의 밝은 마음을 흐리게 한다.
흐린 마음, 어두운 마음에서 불행과 병고가 생긴다.
그러므로 우리는 항상 밝고 맑은 마음이어야 하고
결코 남을 미워하거나 원망하여서는 아니된다.
어두운 망상이 나면 털어버리고 나쁜 마음이 들면 참회하여 맑혀야 한다.
참회는 망념을 정화하는 최상의 영약이다.

—광덕스님 법등일송法燈日誦

은사스님의 법문집을 펴내며

　　은사이신 광덕 스님께서 세연을 거두시고 열반하신 지 어느덧 9년이 됩니다. 세월이 유수 같다고 하더니 새삼 실감을 합니다. 스님의 열반 9주기를 기해 봉정할 법문집을 펴내며 스님과의 세연을 가만히 돌이켜봅니다.

　　1970년 9월 금정산 범어사로 출가한 저는 스님을 시봉하기 위해 서울로 올라와 20년을 곁에서 모시고 살았습니다. 아마 우리 사형 사제들 중에 은사 스님 시봉을 제일 오래하며 살았을 것입니다.

　　그때 스님께서는 지금의 조계종 종헌 종법의 기틀을 세우시고 종단의 행정체계를 다지셨습니다. 총무원에서 퇴근하시면 대각사 골방에서 늦은 밤까지 늘상 종단에 관련된 기획안을 작성하고 계셨습니다. 그리고 아침이면 어김없이 대각사에서 조계사까지 걸어서 출근하시고 저녁이면 파김치가 되어서 무거운 서류가방을 들고 돌아오시곤 하셨습니다. 그럴 때면 저는 언제나 스님의 어깨와 등을 지압하느라 손가락이 아파서 죽을 지경이었습니다. 그토록 종단 일에 바쁘시면서도 스님은 각 대학 불교학생회나 전국의 사찰법회에 초청돼 법문을 하고 다니셨습니다.

　　어쩌다 한 번씩 스님을 따라 종단의 큰 행사에 가서 보면 스님께서는 종

단 어른스님들과 협의하여 행사 전반적인 것을 지휘하고 계셨습니다. 실제로 원로스님들께서는 종단의 중요한 일을 놓고 광덕 스님이라야 된다고 말씀하시곤 하셨습니다.

결국 스님께서는 종단 일로 과로한 나머지 약한 몸에 병이 들어 큰 수술을 받게 되었습니다. 수술을 받고 몇 달간 회복기간을 지난 후 스님은 종단 일에서 완전히 손을 놓으시고 오직 대중포교에만 전념하셨습니다.

지금 와서 당시 스님의 깊은 뜻을 헤아려 보건대 중앙종단의 기틀을 세우고 안정을 정착시키는 것도 중요하지만 불교의 현대화와 대중화가 더욱 시급하다고 판단하셨던 것 같습니다.

병상을 털고 일어나신 스님께서는 74년 종로 대각사 골방에서 월간 「불광」지를 창간하여 전국의 불자들에게 반야바라밀사상을 중심으로 순수불교 운동을 전개하시며 믄서포교의 전형을 보이셨습니다. 그리고 한문으로 된 불교의식문을 한글화하셨고 다량의 찬불가 가사와 국악교성곡인 보현행원송, 부모은중송 등을 작사하시어 대형무대에서 대중 앞에 발표하게 하심으로써 불교의식의 대중화 시대를 여셨습니다.

또한 81년, 서울에 최초로 잠실 불광사라는 도심포교당을 건립하고, 어린이법회부터 학생, 청년, 일반법회까지 개설 운영하여 개척포교당의 운영 가능성을 증명하셨습니다. 86년에는 불광유치원을 설립하여 아동교육과 포교에도 모범을 보이셨습니다.

지금은 이러한 불사가 어느 정도 일반화되었다고 할 수 있지만 당시 포

교환경이 너무도 열악한 상황에서 이 일을 해낼 수 있는 사람은 없었습니다. 만약 한국불교 현대화와 대중화에 대한 스님의 정진이 없었다면 오늘의 한국불교는 없다고 해도 과언이 아닐 것입니다. 실로 스님은 7~80년대를 거치며 한국불교의 현대화와 대중화에 새벽의 문을 여신 분입니다.

무엇보다 스님이 열반에 드시기 전까지 대중들을 위해 끊임없이 설하신 법문은 만인의 가슴에 밝은 등불이 되었습니다. 인간에 대한 절대긍정, 생명은 밝은 데서 성장한다고 하는 대긍정을 바탕으로 한 스님의 말씀은 어둠을 밝히는 밝은 횃불 그 자체였습니다.

모든 사람은 본래 부처님! 내 생명이 바로 부처님 무량공덕생명이라는 찬란한 대긍정의 세계를 열어 보이신 스님은 1999년 사바 세연을 거두고 대원적 무상삼매에 드셨지만, 그 말씀은 생명의 언어로 메아리쳐 오늘도 빛이 되어 우리의 가슴속에 물결치고 있습니다.

이 법문집은 70년대 중반부터, 99년 스님이 열반에 드시기 전까지 설하신 법문 중에서 미출간된 말씀들을 중심으로 담은 것입니다. 여러분의 가슴에 뜨거운 생명의 불꽃을 피워줄 스님의 말씀은 빛의 세계로 나아가게 하는 힘을 담고 있습니다.

스님의 열반 9주기를 기해 봉정하게 된 이 법문집 『마음이 바뀌면 세상이 바뀐다』를 만난 인연공덕으로 생명의 밝은 빛과 아울러 더욱 행복하시길 기원합니다. 나무 마하반야바라밀.

2008년 정월 지홍 합장

차례

생명

우리는 축복받은 생명이다.

우리의 참 생명인 자성은 태양보다 밝고 허공보다 넓으며 바다보다 깊고

온갖 원만한 능력과 덕성이 가득 넘친다.

그러므로 불성인 자성을 보는 자는 언제나 불심으로 살고 찬란한 자성생명으로 산다.

언제나 기쁨과 희망과 용기와 성공만을 생각하고 말하는 것이다.

불쾌했던 과거의 기억들은 모두 몰아낸다. 슬픈 연상이나 우울한 기억들은 남겨두지 않는다.

그리고 오직 태양보다 밝은 찬란한 내 생명의 환희만을 생각하고 노래한다.

행복한 하루가 열렸다

오씨라는 거사님이 있었습니다. 어느 날 그분의 자제분이 나를 찾아왔습니다. 아버님이 병환이 나서 상태가 아주 안 좋다고 해서 그 댁을 방문했습니다.

찾아가 보니 그 거사님은 병색이 완연하여 노랗다 못해서 검게 탔다고 할 정도가 되셨고, 기력이 없어서 말씀조차 하기 힘들어 하셨습니다.

그렇게 힘들어 하시면서도 굳이 앉아 계시기에 누우시라고 해도 끝까지 앉으셔서 제 얘기를 들어 주셨습니다. 듣자니까 병명이 대장암이라고 했습니다. 본인에게는 알리지 않았다고 하나 자제분 얘기로는 굉장히 중증이라고 했습니다. 그래서 저에게 도움의 말을 청했던 것 같습니다. 제가 할 수 있는 말은 여기 적힌 것이 전부입니다.

——마음은 일체를 만드는 조물주

"새아침이 밝았습니다. 잠에서 깨면서 우리는 새롭게 태어납니다. 과거는 과거로 흘러가 버렸고, 이제 새로운 희망과 결의만이 나의 것입니다. 밝

은 이 마음에 희망과 기쁨의 미래가 가득 담겨 있습니다. 자, 이 마음속에 좋은 것을 가득 채웁시다. 좋은 일을 생각하고 계획합시다. 아침에 눈뜨는 순간 이렇게 생각합시다.

'나는 불자다. 부처님의 진리생명이다. 건강하고 행복하다. 오늘 하루 좋은 일이 찾아온다.' 이렇게 매일 10번 이상 소리를 내서 말하고 일어납시다. 그리고 내 생명 가득히 부처님의 진리가 태양처럼 솟아오른 것을 마음의 눈으로 지켜봅시다. 그리고 부처님을 생각하고 감사합시다. 진리의 태양이 나의 생명, 나의 가정, 나의 사업, 우리 겨레 위에, 다시 온 누리 중생에게 퍼지는 것을 생각하고 저들 모두의 평화, 행복을 기원합시다.

마음으로 생각한다는 것은 무엇이든 이루게 하는 종자이며 힘입니다. 마음에 깊이 생각한 것이 형상으로 나타납니다. 이 세상 어떤 물건도 마음으로 생각하여 이루어지지 않는 것은 없습니다. 참으로 마음은 일체를 만드는 조물주입니다. 우리의 마음은 진리에서 오고 우주를 넘어서고 우주와 하나입니다. 마음의 힘이란 단순한 공상도 관념도 아닙니다. 마음은 창조력을 가지며 신념을 가진 말이 놀라운 힘을 발휘합니다. 항상 좋은 생각, 좋은 감정을 이어 갑시다. 젊고 활기찬 아름다운 꿈을 그립시다. 우리 생명의 위대한 힘이 우리의 육체도 환경도 아름답게 가꾸어 갑니다."

—— 생명의 원 모습은 부처님의 무한공덕생명

생명의 뿌리가 육체가 아니라는 것을, 생명의 원 모습이 부처님의 무한

공덕세계라는 사실을 믿고 마음을 그렇게 돌리는 것입니다. 끊임없이 부처님을 염하고 끊임없이 부처님의 신력을 생각하고, 부처님의 광명을 생각하고, 그것이 바로 자기 자신이라고 하는 것을, 그리고 자신에게 그 은혜가 있는 것을 끊임없이 생각합니다. 그렇게 되기 위해서는 말로 설명해 주는 방법도 있고, 같이 염불할 수도 있고, 아니면 생각을 그쪽으로 유도해서 그런 방향으로 마음을 몰아갈 수 있는 방법도 있습니다. 그 외에도 여러 가지 방법을 강구할 수 있습니다.

그분과 한동안 얘기를 하면서 그분의 생명이 육체생명이 아니라는 것을, 죽고 사는 데 대해서는 생각을 다 깨버리라는 것을, 우리의 생명이 부처님 진리생명이라는 것을 반복해서 얘기하고 함께 염불하고 돌아왔습니다. 그리고 독경하고 염불하도록 가족들에게도 일러 주었습니다.

그런데 돌아와서 가만히 생각해 보니, 그분의 가족들이 집안의 어른이 그렇게 됐으니까 병원치료도 치료지만 스님을 청해서 법문도 듣고 스님께 기도도 부탁드려 본다는 정도지 실제로 스님 법문을 듣고 실천하면 희망이 있다고 자신있게 느끼는 것 같지는 않았습니다.

그래서 그 댁에 다시 전화를 걸어서 "오늘 내가 간 것은 환자를 위로해 주기 위해서 간 것이 아니라 실제 부처님 법의 진실을 일러 주려고 간 것이다. 살고 싶거든 부처님의 말씀이 진실임을 믿고 온 집안 식구가 모두 함께 행하라"고 했습니다.

그런데 그 댁의 자제분이 참으로 효자였습니다. 가족이 모두 열심히 기

도를 한 것 같았습니다. 그후 한 달 반이 지나도록 만나지 못했는데 하루는 그 환자분과 자제분이 저를 찾아왔습니다. 얼굴이 아주 다른 분이 되어 있었습니다. 노랗던 병색은 어디론가 가버렸고 얼굴에서 화기가 돌고 빛이 나는 것 같았습니다. 암의 증세는 아픈 자각증세보다도 급격히 체중이 줄어가는 것이 초기의 증세라고 듣고 있었는데 그분은 그동안에 2kg의 체중이 늘었다는 것입니다. 그리고 그동안에 당신이 염불하고 수행하고 있는 가운데 몽중에 상서를 봤는데 어떤 스님이 와서 자기에게 있는 주머니(수술 때 달아놓은 병주머니)를 다 떼어버리더라는 얘기를 하면서 아주 생기가 넘치는 표정을 하였습니다.

—— 불자의 자기 선언

그리고 저한테 찾아온 이유는 염불을 하고 있는데 앞으로 어떻게 더하면 좋겠느냐고 물으러 오셨습니다. 그분의 진지한 눈빛에 정말 감사하며 아침에 눈뜨거든 마하반야바라밀을 염하고 부처님을 생각하며 "나는 불자다. 부처님의 위신력이, 부처님의 은혜가 나의 온몸에 넘치고 있다. 나는 건강하고 오늘 하루 매사에 좋은 일이 이루어진다. 매사가 좋아진다. 부처님이 함께 있고, 하루하루가 잘 되어간다" 하는 것을 열 번쯤 소리 내서 하라고 했습니다. 또 잠들기 전에도 또 그렇게 하라고 했습니다.

생각과 말은 공허한 것이 아닙니다. 아무 생각이 일어나지 않을 때, 깊

은 잠에 들었을 때와 막 눈떴을 때는 아직 현재의식의 덮개가 작용하기 이전입니다. 그때 바로 방향을 주었을 때 잠재의식, 깊은 의식, 심층의식 등의 방향이 찍혀집니다.

"나는 불자다. 부처님의 진리와 더불어 한생명이다. 부처님의 은혜가 넘치고 있다. 나는 건강하다. 오늘 하루 매사가 잘 되어간다."

스스로 깊은 신앙심을 가지고 그렇게 자기 선언을 했을 때 그 사람은 깊은 자기 마음 가운데 방향이 잡히게 됩니다.

말과 생각은 관념이 아니라고 했습니다만 그것은 실질적인 힘입니다. 저는 그분이 워낙 진지하게 불법을 잘 믿고 수행을 하시고 또 워낙 착하시고, 집안 가족들이 정말 효성스럽고 덕스러워서 그렇게 좋은 결과를 봤다고 생각합니다. 여기서 우리가 알아야 할 것은 마음은 창조력을 가지고 있고, 신념을 가진 말은 놀라운 힘을 가지고 있다는 것입니다.

그렇기 때문에 이 마음은 진리를 담은 마음으로 바꾸고, 말은 끊임없이 진리를 담은 말을 해야 합니다. 진리가 아닌 말은 절대로 하지 말고 불행, 고난, 실패, 미움, 갈등, 대립, 공포, 불안 등 부정적인 말은 절대로 하지 말아야 합니다. 이런 말을 장난삼아서 하더라도 자기 마음에 그것이 찍히고, 자기 마음이 그런 방향으로 착색되었을 때 자기 운명이 그렇게 되어버립니다.

"요새 어떻게 지내나?"

"형편없네."

그런 사람은 앞으로 형편없게 되어버립니다. 위대한 방향으로 자기를

만들어갈 수 있는 창조적인 힘이 우리들 내부에 있기 때문에 이것을 올바른 방향으로 돌리는 방법은 진리대로 믿고 그런 말을 해야 합니다. 앞의 거사님은 틀림없이 그렇게 했다고 했습니다.

거듭 말씀드리지만 마음은 창조의 힘을 가지고 있습니다. 신념이 담긴 말을 한다는 것은 자기 운명을 바꾸는 것입니다. 이것은 제가 많은 불자들에게 그런 말을 해왔고, 또 많은 불자형제들도 그렇게 하고 있는 걸로 알고 있습니다만 사실인즉 '일체유심조', 근본이 마음이고 마음이 온 우주와 온 생명과 이 몸과 우리 환경을 만드는 것입니다. 이 가르침을 활용하는 데 지나지 않습니다. 항상 부처님의 진리, 부처님의 은혜가 함께 하고 있음을 깊이 믿고 밝고 긍정적인 신념으로 행복한 하루하루를 열어갑시다.

부처님 은혜로 산다

부끄러운 얘기지마는 고백을 합니다.

저는 불광법회를 하고 싶어서 하지 않았습니다. 그렇기 때문에 불광에서 하는 모든 일들이 제 뜻만은 아니라고 생각합니다. 저를 아시는 형제들은 제가 원래 선방에서 참선이나 하고 살던 사람으로 알고 있을 겁니다. 그러다가 책 좀 읽었다고 해서 종단에 징발되어 10년 가까이 종단 장내에 나와서 종단행정에 관여했던 것을 아실 겁니다. 그러다가도 틈만 있으면 팽개치고 산으로 달아났습니다. 꿩이 생각은 콩밭에 가 있다더니 도시에 나와 있으면서도 산중으로 달아나서 참선만 하는 생각을 하고 살았습니다.

그런데 어찌된 일인지 어느 날 밥을 잘 먹고 잤는데 아침에 일어났더니 창자에 구멍이 나버렸어요. 그래서 구멍난 창자를 수술한다고 한 것이 창자만 자른 것이 아니라 엉뚱하게 위까지 잘라 버렸습니다. 그후 십이지장 잘라내고 그 다음에 몇 년 지나서 담낭을 또 잘라내 버렸어요. 그리고 그 밖에 몇 개 부속을 함께 잘라 버렸습니다.

이러다 보니 아무리 산에 가서 살 생각이 가득하더라도 가지 못하고 대

각사 근처에 있었던 것입니다. 그러는 가운데 월간 「불광」을 만들게 되었고, 우리 형제들을 만나게 되고, 불광 형제들을 만나 여러 형제들과 더불어 이렇게 살게 되었습니다.

부끄러운 얘기지만 저는 솔직히 큰 뜻을 세워 "불광법회를 만들어서 한국불교의 잘못된 것을 바로 잡고 한국불교가 빛나는 세계의 새로운 선도자가 되도록 하리라" 하는 원을 가지고 불광법회를 시작하지 않았습니다.

그 뜻은 30대부터 가지고 있었고 제가 선방에 와서 몇 년 있다가 불법에 대해서 조그마한 믿음이 생기고부터 '이런 길이 있었구나' 하는 생각이 나서, 세계평화의 문제라든가 인류의 행복에 대해서 진지하게 생각하고 '어떻게 어떻게 되어야겠다' 하고 연구를 하고 구상을 많이 했습니다. 그렇지만 언제든지 산에서 떠날 생각은 못 했습니다. 참선방에 앉아서 남 돕는 생각을 떠나지 못하고 살았습니다. 그런데 우연히 소심이라는 큰스님이 계셨는데, 그 어른의 비석을 세워드리기 위해 행적을 조사하던 중에 종단 전면에 끌려나와 결국 10년을 행정 분야에 관여하게 되었습니다. 그 끝에는 몸의 부속을 떼어내고 하다 보니까, 제가 생각한 것을 금생에는 못 할 줄 알았습니다. 그런데 엉뚱하게 법회를 하게 되고 형제들과 만나게 됐습니다.

'부처님의 법은 내가 믿고 있는 것 같아도 부처님의 크신 은덕이다' 하는 생각이 간절합니다. 불광법회를 시작한 것도 부처님의 은덕이고, 월간 「불광」이 그동안에 수백만 부가 나올 수 있었던 것도 부처님 은덕이고, 제가 불법을 만난 것은 더 말할 것 없이 부처님의 은덕입니다.

저는 병이 안 났더라면 불법을 몰랐을 것입니다. 병을 안 만났으면 불법을 만나지 못했습니다. 몸에 병이 나서 쉬고 있는데 어떤 사람이 "참선방에 가서 참선 공부를 해라, 참선 구경을 해라, 사내자식이 뭐가 되려고 하면 참선 구경을 해야 한다." 그렇게 꼬이는 바람에 속아서 한 석 달쯤 선방 구경 간다고 간 것이 삼십 년 사십 년입니다. 인생 다 갔습니다.

그런데, 그 병이 나를 인도해 준 것입니다. 불법을 인도해 줬을 뿐 아니라, 작년에 아파서 누워서 생각해 보니 무수한 고비때마다 나를 인도해 주신 것은 전부 부처님의 자비였습니다. 그동안은 내가 노력하고 내가 선택하고 내가 결단해서 내일을 개척해 간다고 생각했는데, 지금 내 마음 가운데는 온전히 부처님의 은덕이다, 부처님의 은혜와 부처님의 위신력이다, 부처님 자비의 인도하심이다, 그 생각뿐입니다.

저는 일생 동안 참 많이 아팠습니다. 선방에서 참선하면서도 많이 아팠습니다. 많은 고통을 겪었습니다. 고통을 겪었지마는 고통 때문에 내가 죽었는가? 아닙니다. 고통을 겪는 가운데 오늘까지 왔습니다. 사실인즉 부처님의 지극하신 자비가, 지극하신 방편이 저를 오늘까지 인도해 주신 겁니다. 일체 부처님의 공덕입니다.

어떤 사람은 저를 불행하게 살았다고 할 겁니다. 어쩌면 저도 그런 생각이 듭니다. 그야말로 세상을 삼킬 만한 꿈을 가지고 있어도 아직 착수도 못하고 있는 것이 많으니 아마 불행하다 하실지 모릅니다. 어떤 사람들은 다른

표준으로 저를 불행하다 하실지 모릅니다. 그러나 저는 부처님의 크신 은덕이라는 것을 알게 되고 믿게 되었습니다. 지금 저는 참 다행이라고 생각합니다.

그래서 우리 형제들 누구나 행이든 불행이든 '부처님의 은덕으로 산다, 부처님의 은덕이다. 부처님의 큰 지혜와 큰 자비와 큰 위신력이 내 생명을 깨우치게 하려고 지금 끊임없이 작용하고 계시다, 부처님의 은덕이다' 하는 생각을 항상 가졌으면 합니다.

괴로울 때나 즐거울 때나 성공했을 때나 지금 실패한 듯이 보이거나 어느 때라도 잘 되어 가는 길이고, '부처님의 공덕으로 지금 되어간다' 이렇게 확신을 가졌으면 좋겠습니다.

우리 몸이 소중한 까닭

부처님의 가르침을 배우는 사람은, 부처님의 말씀을 듣고 깊이 믿으며, 남을 부러워하지 않고, 남의 말에 흔들리지 않으며, 스스로 행하고 있는 일을 돌이켜보는 것이 중요합니다. 남이 하는 것을 표준삼지 말고 자신의 마음을 돌이켜보아 힘써 닦도록 해야 합니다.

진리를 믿지 않는 사람은 자기 일만을 생각하여 마음이 좁고 언제나 초조 불안합니다. 그러나 부처님을 믿는 사람은 자신의 배후에 있는 부처님의 힘, 크신 자비를 믿음으로써 마음은 크고 넓어지며 초조해하지 않습니다.

남의 이목을 탓하지 않고 내 자신이 어떻게 하고 있는가, 항상 자신의 마음과 행에 중심을 두고, 스스로 행하고 있는 것을 돌이켜봅니다.

우리 개인 개인이 가지고 있는 개성은 다른 사람에게는 없는 것이며, 이 개성은 부처님의 공덕바다 가운데 있는 하나의 싹입니다. 내가 가진 개성, 특성은 부처님 공덕바다에서 나온 싹인 까닭에 잘 키우면 무한공덕의 열매가 거기서 열립니다. 우리의 얼굴은 누구든 똑같지 않습니다. 우리 한 사람 한 사람의 얼굴은 제각기 다르기 때문에 개성이 있고 서로 아름답고 서로 특

성이 있는 것입니다.

꽃밭에 빨간 꽃만 여럿 있으면 아름답지 않습니다. 여러 가지 꽃이 어울려 있을 때 더욱 아름다운 것이며, 그 주변이 아름다워지는 것입니다. 사람들의 몸짓, 발짓도 기계처럼 똑같아서는 역시 멋이 없을 것입니다.

사람마다 제각기 다른 특성을 개성이라고 합니다만, 그 개성은 원래의 뿌리를 파 보면 부처님 공덕바다에서 나온 싹입니다. 저 사람이 노란 꽃을 가졌으니까 내 것은 버리고 저것을 가져야지, 저 사람이 이번에는 파란 꽃을 가졌으니까 노란 꽃은 버리고 파란 꽃을 가지고, 파란 옷을 입고, 저 사람의 헤어스타일을 하고, 저 사람의 신발과 똑같은 신발을 신어야 할 필요는 없습니다. 바로 내가 가지고 있는 개성, 특성을 그대로 살리면 내가 아름다워지고 내가 만족할 뿐만 아니라, 이웃도 같이 좋아집니다.

꽃밭에 똑같은 꽃이 아니고 여러 가지 꽃이 있으면 꽃밭 전체를 어울리게 합니다. 오히려 똑같은 꽃뿐이라면 그 꽃밭의 가치가 떨어져 버립니다. 그렇기 때문에 우리들이 가지고 있는 개성 하나하나는 귀한 것입니다. 그런데 이 귀한 개성의 뿌리는 내가 착실하게 행하고 나 자신을 돌이켜보고, 남이 어떻게 하고 있는지 너무 남한테 한눈 팔지 말라는 것이 첫째 대목이고, 두 번째는 우리가 무슨 일을 할 때 어려운 일을 당하더라도 부처님이 나와 함께 있다는 것을 항상 잊지 말라는 것입니다.

이 말씀을 드리면서 부끄러운 생각이 앞섭니다마는 저는 평생을 병고로 살아왔습니다. 그런데도 나는 죽지 않았고 죽지 않는 것을 보면 역시 병고를 통해서 뭔가를 한 것 같습니다. 병을 심하게 만난 것은 스물둘부터인 것 같습니다. 그리고 그 병은 지금까지 계속되어 왔습니다. 비교적 건강을 생각하지 않고 생활했던 것은 스물셋인가 넷인가 몇 달뿐입니다. 그 외에는 매일 병과 공존했습니다. 그런데 요즘 드는 생각이 이 몸에 감사해야겠다, 병에도 감사해야겠다는 것입니다.

저는 이 몸이 약하다고 생각을 했고, 내가 하고 싶은 것을 하지 못하고 정말 한쪽 죽지가 부러져 꺾인 것처럼 일생을 사는 게 몸이 약해서일 거라고 여겼는데 가만 생각해 보니까 이 몸뚱이가 대단했습니다. 내가 저를 위해 잘 먹이기를 했나, 잘 입히기를 했나, 편안하게 호강을 시켰나. 잠 안 자고 정말 무리한 행군을 마구 시키고, 하루도 아니고 일주일씩 열흘, 이십일씩 잠도 안 자면서 몰아치고 그래도 용케도 죽지 않고 나를 끌고 왔던 것입니다. 그러니 이 몸뚱이가 대단한 몸뚱이입니다.

일생동안 병과 살아왔습니다마는 가만히 보니까 병은 저에게 선생이었습니다. 저를 인도해 주었습니다. 불법을 만난 것도 병 덕분이었습니다. 불법 만나기 전 저의 종교는 천주교였습니다. 병이 불법을 만나게 했고, 병으로 6·25와 1·4후퇴라고 하는 인생장애를 무난히 극복했고, 병이 제 생애를 바꿔 주었습니다.

예를 들면 십여 년 전에 제가 외국에 약 5년 정도 나가 있을 사정이 있어, 수속과 준비가 다 되어 있었어요. 내일이면 떠나야 할 준비가 되어 있었는데 덜커덕 병이 났습니다. 별안간 창자가 뚫어져서 위를 잘라내는 수술을 위해 입원하다 보니 다 취소되어 버렸습니다. 병 때문에 못 갔다가 아니라 가면 안 될 테니까 인생행로를 궤도 수정한 것입니다.

그런데 그것으로 해서 내가 죽었는가? 여기 죽지 않고 살아났습니다. 저는 정말 병에 대해서 고맙게 생각합니다. 이 병이 나에게 새로운 힘을 주고 새로운 지혜를 주고 새로운 반성을 주는 큰 계기가 됩니다. 평생 내가 이렇게까지 오래 시달려본 적이 없는데 그런 만큼 무엇인가의 큰 교훈이, 큰 은혜가 지금 제게 있는 것이 아닌가 합니다. 이대로 끝나도 그렇게 생각할 것이고, 그렇지 않고 형제들과 함께 불사를 더 할 수 있다면 병에 대한 고마움은 이루 말할 수 없을 것입니다

—— 몸을 소중히 여기되 집착하지 마라

몸을 소중히 여기되 집착하지 마라. 겉으로는 나 혼자 이렇게 외롭게 일을 당하고 있는 것 같아도 내 생명 깊은 곳에는 늘 부처님이 함께하고 있습니다. 부처님의 큰 자비가 함께 있다는 생각을 가지고 흔들리지 말고 초조·불안해하지 말고 여유 있는 너그러움으로 씩씩하게 대해 가라는 것입니다.

부처님의 가르침을 닦는 사람은 이 몸을 무상한 것으로 보고, 괴로움이 모여드는 근원이라고 보며, 악한 일이 흘러나오는 뿌리라고 보고 그 몸에 집

착하지 않습니다. 그러면서도 몸을 소중하게 기르는 것을 게을리하지 않습니다. 그것은 즐기고 탐착하기 위해서가 아니라 법을 배워 얻고 이웃에게 전하기 위해서입니다. 이 몸을 다듬지 않으면 목숨을 온전히 하기 어렵고, 목숨이 온전하지 못하면 거룩한 가르침을 받아서 몸으로 행할 수도 없고 또한 널리 전하지도 못합니다.

물을 건너고자 하는 사람은 뗏목을 잘 간수하며, 말타고 여행하는 사람은 말을 잘 돌보는 것처럼 부처님의 가르침을 배우는 사람은 그 몸을 소중히 지켜야 합니다. 또한 부처님을 믿는 사람은 의복을 입어도 헛된 치레에 마음을 두지 않으며, 수치스러운 것을 가리고 추위와 더위를 막는 데 마음을 두어야 합니다. 음식을 먹어도 식욕에 사로잡히지 아니하고, 몸을 길러서 진리의 가르침을 배우고 또한 이것을 남을 위하여 설할 것을 생각하여야 합니다.

집에 있을 때도 향락을 생각하거나 허영을 채우는 것이어서는 안 됩니다. 마땅히 진리의 집에 머물러 번뇌의 도적을 막고 그릇된 가르침의 풍우를 피하기 위한 것을 생각하지 않으면 안 됩니다.

이와 같이 모든 일에 일신만을 생각하지 않습니다. 그리고 타인에 대하여 교만한 마음을 두지 않으며, 오직 깨달음을 위하고 진리의 가르침을 위하며 타인에게 도움줄 것을 생각하여야 합니다.

재가불자들은 항상 부모를 섬기고 가족과 자신을 섬기며 부처님을 섬길 마음이어야 합니다. 타인에게 보시할 때는 마음을 비우고 탐심을 없앨 것을 생각하며, 사람들의 모임에 있을 때는 부처님 모임에 들 것을 생각하고, 어

려움을 만났을 때는 무엇에도 동요하지 않는 마음을 얻고자 해야 합니다.

부처님께 귀의해서는 사람들과 함께 대도 얻기를 바라고, 법에 귀의해서는 대중과 더불어 깊은 가르침의 바다에 들어가 큰 지혜를 얻기를 원하며, 승가에 귀의해서는 대중들과 더불어 많은 사람들을 인도하여 온갖 장애를 없앨 것을 원하여야 합니다.

삶의 진정한 가치—우리들이 항상 배우는 전법지상, 부처님의 법을 전하는 것을 최상의 믿음으로 삼고, 정진으로 삼고, 보은으로 삼고, 마침내 전법함으로써 불국토에 이르는 것이 우리 불자들의 전법지상입니다.

—— 우리 몸이 소중한 까닭

우리의 몸은 이 모든 법을 닦고 법을 이루며 부처님의 법을 전할 것이기에 이렇게 귀한 것입니다. 그렇기 때문에 잘 거두라는 것입니다. 말 타고 여행하는 사람은 말을 잘 거두고, 뗏목을 타고 강을 건너고자 하는 사람은 뗏목을 잘 간수하는 것처럼 이 몸을 소중히 해야 합니다. 이 몸은 법이 아니고 깨달음 자체는 아니지만 뗏목과도 같고 말과도 같은 것입니다.

우리가 공양할 때 합장하고 '부처님 감사합니다' 하는 사람도 있고, 좀 더 길게 부처님 은혜를 생각하는 게송을 외우는 사람도 있을 것입니다. 또 때로는 부처님 크신 은혜에 비하면 내 공덕이 적은 것을 참회하는 사람도 있을 것입니다. 저의 경우에는 "도업道業을 이루기 위해서 이 밥을 먹노라" 하는 오관게의 끝부분을 염합니다.

'우리는 왜 사는가?' '우리가 살아가는 가치가 무엇인가?'

우리가 사는 목표는 진리를 깨닫고 진리의 법을 이웃에 전해 주는 데 있습니다. 깨닫는다는 것은 이 몸뚱이가 몸뚱이로서 끝나지 않고 영원한 생명을 이루는, 생사를 벗어나는 불멸의 생명을 이루는 궁극적인 구원을 말합니다. 그 마음에는 이웃에게 법을 전한다는 것도 궁극적으로 구원받은 사람·완성자의 덕을 몸소 행하는 것입니다.

이렇게 부처님의 법을 전하는 것을 최상의 공덕으로 삼고, 그것을 행하기 위해서 모든 것을 바치는 이유가 여기에 있습니다. 이 몸을 먹이고 거두는 이유가 여기에 있으니 그 목적을 향해서 성실하게 잘 거두라는 말씀입니다.

원인 없는 병은 없다

우리와 가까이 지내는 송암보육원 원장님이 이런 말을 해요. 보육원에 들어온 아이들 가운데 초등학교에 다니면서도 오줌을 가리지 못해 잠잘 때 오줌을 싼다는 것입니다. 아마 이웃집이 있으면 지금도 그런 풍습이 남아 있는지 모르겠습니다만 키를 씌워 소금을 받으러 보내야겠죠. 키를 쓰고 소금을 받으면서 무안을 당해야 오줌이 멎는다 해서 옛날엔 키를 쓰고 소금을 받으러 다니는 그런 모습을 구경한 적이 있습니다.

그런데 보육원의 원장 내외분은 그런 아이들만 데리고 잔다고 합니다. 그리고 그런 아이를 위로해 주고 그 아이편이 되어서 따뜻하게 감싸줍니다. 그렇게 일주일만 데리고 자면 오줌 싸는 것이 다 고쳐진다고 합니다. 그래서 오줌 싸는 것이 고쳐지면 저희들 방으로 돌려보낸다는 말을 듣고 제가 당연한 것이라고 했습니다. 그 아이의 마음엔 슬픔과 어둠이 가득 쌓여 있는 것입니다. 받아야 할 누리고 싶은 사랑, 그 그리움을 채우지 못하는 슬픔이 오줌싸개가 되는 거예요.

때로는 그렇지 않은 경우도 있습니다. 어머니의 마음속의 깊은 슬픔이

어린아이에게 반영되어 잔병이 될 때도 있고, 오줌싸개 등의 병으로 나타날 때도 있고, 때로는 늑막염 같은 병으로 나타난 경우도 있습니다. 원래 마음이 근원이고 형상이 그 다음인 까닭에 마음에 근원에서 원인이 생기면 그런 결과를 가져오지요.

늦도록 오줌을 못 가리는, 밤에 오줌을 못 참는 그런 아이들이 있으면 절대로 꾸짖지 마세요. 그를 위로해 주고 칭찬해 주고 장점을 발견해서 격려해 주고 기쁘게 해 주고 그에게 마음의 안정을 줘야 합니다. 마음이 불안해졌을 때 육체적으로 그런 변화가 생겨서 오줌을 싸기 때문입니다.

—— 축농증과 비염의 원인

코에도 아마 몇 가지 병이 있습니다. 축농증이니 비후성 비염 등, 이런 병이 나는 사람들은 대개 윗사람의 말을 거역하는 경우가 많아요.

한 번은 저에게 찾아와서 축농증이 낫지 않는다고 한 분이 있었습니다. 이에 관련된 책을 읽어보고, 단식을 21일 해도 잘 낫지 않고, 치료를 하고 수술을 해도 또 되풀이되고 잘 낫지 않는다는 것입니다. 그래서 저는 몸에 나타난 결과의 원인은 마음에 있으므로 그러지 말고 웃어른을 잘 섬기라고 일러 주었습니다.

코는 호흡을 통해 공기가 출입하는 곳이지만 사실인즉 두뇌라고 하는 중요한 중심기관의 통로입니다. 그 통로가 막히고 병이 생겼다고 하는 것은 중심기관에 대한 거역, 거부심이 원인입니다.

웃어른을 거역하고 반항적인 체질인 그런 사람은 제 주변에는 없습니다만 스님 가운데 비염을 호소하는 경우를 봤습니다. 그것은 대개 웃어른에 대한 항거심이 작용하는 경우가 많습니다. 그 마음이 몸에 그렇게 나타나는 것입니다.

또 어떤 분은 축농증인가 비후성 비염인가 뭔가 모르겠습니다만 하여튼 양쪽 코가 다 막혔어요. 아무리 치료해도 낫지 않던 사람이 법문을 들은 후에 자기 마음을 고치고 자기 어머니한테 이제까지 원망하고 항거하던 생각을 뜯어 고쳤어요. '내가 잘못했다. 어머니에 대해서 너무 원망하고 어머니의 고마운 생각보다는 언제든지 불만을 가지고 항거했구나. 내 이제까지 부족한 것을 앞으로는 잘 공경하겠다. 잘 모시겠다.' 이렇게 마음을 싹 고치고 났더니 바른쪽 코가 뚫렸습니다. 바른쪽이 뚫린 것은 이유가 있어요. 그런데 그후에 어머니뿐만 아니라 아버지에게도 '내가 자식다운 도리를 못했구나' 하고 마음속 깊이 뉘우치니 마음이 싹 바뀌었어요. '하늘같은 아버지, 나를 낳으시고 기르시고 오늘에 이르기까지 항상 나의 행복을 기원해 주신 아버지, 내가 왜 이제까지 효를 못하고 원망하고 대립했던가?' 하고 크게 뉘우치고 반성해서 아버지께 감사하는 생각으로 바뀌었을 때 왼쪽 코마저 뚫렸다 합니다.

이에 대해서 저는 오랫동안 생각했습니다. 좌우의 문제에 대해서, 남녀에 관계되는 문제에 대해서요. 그런데 중요한 것은 마음이 바뀌면 육체의 형상도 고쳐지는 것입니다. 그렇기 때문에 겉으로 나타나는 외상은 의사가 약

으로 치료하고 시술해서 고칠 수 있지만 그 병이 나오게 한 마음의 원인을 고치지 않으면 완치가 되지 않는 것입니다.

물을 예를 들면, 윗물이 흐리면 아랫물 역시 탁해지는 것과 같습니다. 윗물을 먼저 맑혀 놓고 그 다음에 아래를 깨끗하게 치우든지, 맑게 하든지 해야 합니다. 그래서 윗물을 맑혀 놓으면, 우리 마음을 청정하게 하면, 마음에 빛이 되는 요인을 제거해 버리면, 마음에 평화 안정을 항상 지켜오면 그대로 육체라고 하는 현상, 우리 생활환경이라고 하는 현상 그런 것이 다 청정해지는 것입니다.

—— 백내장의 원인

백내장이라고 하는 눈이 잘 안 보이는 병이 있지요. 형상을 보기는 보는데 아주 또렷하게 안 보이고 흐리게만 보인다는 사람도 봤습니다. 그런데 좀처럼 낫지 않는다 그래요. 이분들도 마음과 깊은 관계가 있습니다. 제가 그런 분에게는 은혜를 생각하라고 하는 얘기를 주로 합니다. 은혜를 생각하라. 은혜를 모르는 사람, 은혜가 뭡니까?

부모님의 은혜, 나라의 은혜, 부처님의 은혜, 그 끝없는 은혜가 있습니다. 은혜에 대해서 특별한 관심을 가져라. 돌아가신 부모님이라면 부모님을 위해서 독경 염불하고, 또한 공양도 올리고, 부처님께 축원도 올려드리는 일에서부터 시작해서 평소에 걱정 안하게 하고 은혜를 알아라. 꼭 영이 작용해서가 아니라 은혜를 알지 못하면, 은혜를 거역하면 그런 경우가 나올 때가

있습니다.

마음에 조그마한 그림자는 그만큼의 결과를 또 가져 옵니다. 본래 밝고 밝은, 건강하고 원만하고 청정한 우리의 본심이요 본신인데, 우리가 미혹해서 마음을 바로 쓰지 못할 때 마음 쓰는 대로 마음에 인정하는 것이 이루어지는 거예요. 일체 유심조라고 그러지요. 마음에 있는 것이 이루어지는 것입니다. 그렇기 때문에 마음을 바꾸면 또 환경도 바꿔지는 거예요.

부인들에게 종종 달씀드립니다만 신장 계통에 오는 병들은 어머니의 슬픈 감정, 억압감정 같은 것이 크게 작용합니다. 그렇기 때문에 자기 자신이나 부모, 아들이 신장에 장애가 왔을 때는 역시 그 부모가 그런 생각을 좀 돌이켜봐야 합니다. 자기 자신의 신장에 장애가 왔을 때는 자기 마음 가운데 슬픔, 억압의 감정이 없나 돌이켜봐서 그 감정을 내려놓고 병을 떼어 내버리는 마음으로 일체 이유를 막론하고 생각을 확 비워버려야 합니다.

—— 밝음 앞에 어둠은 없다

본래 우리의 마음상태, 부처님의 공덕 광명이 충만한 내 생명을 생각하고 일심으로 염하고 일심으로 감사하는 이 방법이 약 이외의 치료법입니다. 병원에서 치료를 받더라도 마음이 근본적으로 정화되지 않으면 완치하기 어렵습니다.

고난과 불행과 장애가 우리 주변에 닥쳐왔을 때 그것을 '누구 때문이다' 하고 책임을 전가하는 태도는 어둠과 불행의 원인을 꼭 붙들고서 고통을

원망하는 경우와 같습니다. 절대적인 힘, 부처님의 무량공덕 위신력이 내 생명의 본래 모습인데 내가 그것을 주인답게 바르게 쓰지 못하고 살림살이를 모르는 머슴같이 살아서 자기 불행을 가져 오는 것입니다. 자기 마음의 중심이 자기 자신이라고 하는 것을 생각해야 합니다. 그래서 우리들이 자기 자신이 주인이며, 내 마음의 주인이며, 내가 권능자며, 내가 절대적인 권능자입니다.

허망한 현상과 대립하고 투쟁하면 결함은 증대되고 온갖 병고, 재난, 불행 등이 일어납니다. 일신에서나 환경이나 모두 그렇습니다. 어둠을 없애는 데는 빛을 비추어야 합니다. 어둠과 싸우지 말고 빛을 비추자. 인생은 우리의 생활 속에 빛을 전진시키는 훈련기간입니다.

우리 생활 가운데서 어떠한 어려움, 어떠한 고난, 어떠한 답답한 일이 생기더라도 밝은 불을 켜라. 밝은 등불을 켜라. 반야바라밀 부처님의 무량공덕생명 무량진리의 태양이 항상 빛나고 있는 것을 잊지 말아라.

그렇기 때문에 누가 나를 괴롭게 하거나 어둡게 하거나 나를 좀 고통스럽게 하는 경우가 생겼다면, 우리의 생활 속에 빛을 전진시키는 훈련기간이라고 생각합시다. 우리 일생 가운데에서 빛을 전진시키는, 빛으로 사는 반야바라밀의 행자임을 잊지 맙시다. 그래서 우리의 삶 하나하나가 언제나 빛을 가하면 어둠이 사라지고, 어떠한 어둠도 빛 앞에는 그 존재를 유지할 수 없는 것처럼 우리의 앞길이 항상 밝도록 빛을 비추며 살아갑시다. 우리와 우리의 이웃과 우리 역사와 우리의 국토 위에 빛을 비춰갑시다.

마음에 있는 것은 이루어진다

오래 전 얘기입니다. 그때가 아마 1953년이라고 생각됩니다마는, 부산 범어사 뒷산의 미륵암이라는 절에서 그 해 겨울에 용맹정진을 했습니다.

그때 미륵암에 같이 머물던 거사님 내외분이 계셨습니다. 미륵암은 낙동강 위쪽 산에 있었는데 그 산 아래가 구포이고, 구포나루를 건너면 대저면이라는 섬이고 섬을 건너면 김해입니다. 그분들은 대저면에 사시는 불자들이었습니다.

그해 겨울 백이십일 정도 미륵암에서 정진을 했는데, 거의 한 달 반 가까이 그분들과 같이 지냈습니다. 그런데 지금 그분들이 생각나는 것은 그때 기도하셨던 내외분의 표정이 너무나 밝은 모습이었기 때문입니다.

그 부인은 알고 보니까 정말 열녀문을 세울 만한 분이었습니다. 남편 되는 거사님이 병이 나서 병원에 다녀도 낫지 않고 못 고치고 그래서 집안이 다 엎어지게 되었습니다. 그래서 마지막으로 '세상법으로 안 되면 부처님한테 가야 한다'고 생각하고 미륵암에 올라와서 삼칠일인가 얼마를 불철주야 염불하고 절하면서 기도를 했답니다. 그렇게 기도를 하고 정진한 후에 거사님

이 나왔습니다.

당시 그 거사님은 열심히 독경을 하는데 제가 모르던 경을 외우고 있었습니다. 그때 저는 굶어가면서『금강경』은 읽었어도 천지팔양경은 안 읽었습니다. 그런데 하루는 저한테 와서『천지팔양경』을 꺼내 놓으면서 가르쳐 달라고 그랬습니다. 그때 처음『천지팔양경』을 읽은 생각이 납니다. 그분은 한문은 아시니까 이경 저경을 부지런히 읽으시는데 뜻은 잘 모르시는 것 같았습니다. 그러나 그렇게 극도에 빠진 병고와 집안이 엎어질 만큼의 어려움이 기도를 한 후에 다 극복이 되었습니다.

어느 때고 '관세음보살' 이 입에서 끊어지는 것을 못 봤습니다. 그리고 절에서는 구석구석 매일 걸레질하며 부처님께 올리는 마지는 당신 손으로 따로 지었습니다. 저도 그때 기도하느라고 그 중에 한 20일 정도는 제 손으로 마지를 지었습니다. 큰 솥에 마지를 지어서 제가 공양주를 하면서 기도를 했습니다.

그런데 그분도 따로 마지를 짓는 것이었습니다. 그리고 알고 보니까 마지를 지을 나무를 직접 산에 가서 해 오는데 낫으로 안 꺾고 손으로 꺾어 왔습니다. 마른 나무만 정성껏 손으로 꺾어 와 새로 사온 솥에다 따로 마지를 지어서 손수 부처님 전에 올립니다. 쌀도 직접 농사를 짓는데 소를 논에 들여보내지 않고 괭이로 파고 손으로 김을 매고 해서 농사를 지어서 그 논에서 나온 쌀은 몽땅 기도 때 부처님께 올리는 것이었습니다. 자기네 집안이 망하는 것을, 자기가 죽게 된 것을 부처님께서 건져 주셨으니 정성을 다해 공양

올린다고 했습니다.

그분의 외가가 고씨라고 했습니다. 그래서 저한테 친절했는지 모르겠습니다만 하여튼 지금껏 생각해도 항상 유하고 평화로운 그 표정, 항상 관세음보살, 그리고 감사합니다, 그리고 한시도 안 놀고 절 구석구석을 맑게 닦고 그리고 염불하고 기도했던 그분을 생각해 봅니다. 마음이 바뀌고 마음이 부처님의 은혜를 생각하는 사람이면 그렇게 바뀌는 것입니다. 자기가 바뀌고 환경이 바뀌는 것이며 집안살이가 바뀌는 것입니다.

어떤 경우에 있더라도 마음속에 부처님을 생각하고 부처님의 은혜가 내 생명에 충만해 있고 부처님의 위신력이 나를 통해서 나타난다는 믿음을 가진 사람이면 밝은 얼굴과 감사가 나올 수밖에 없습니다. 우리 한 사람 한 사람이 단순한 범부가 아니라 위대한 광명, 부처님의 진리를 생명에 지니고 있는 불자다 하는 확신이 있고 그에 따르는 수행이 있기 때문에 그렇게 바뀌는 것입니다.

고정된 채널에서 벗어나야

"살다가 죽으면 그만이지, 무슨 천상이 있고 지옥이 있을까보냐. 세상 사람들에게 착한 마음 내고 좋은 일 하면서 살라고 그저 달래는 말이 아닐까?" 하고 말하는 사람이 있을지 모릅니다.

그러나 그분들은 지극히 짧은 눈앞만 보고 조금도 먼 거리를 보지 못하는 자기의식에 머물러 살지, 의식의 차원을 조금도 벗어나지 못한 사람들의 고집입니다. 모르면 몰랐지, 없다고 단언하는 것은 지나친 말이 되는 거지요.

우리가 이렇게 태어난 것은 인간 정도의 기본적인 의식 차원을 가지고 그 정도의 맑은 마음, 착한 마음, 그 만큼의 안정된 마음, 밝은 마음을 지녀서 그 정도에 상응하는 세계를 선택해서 자기 세계가 벌어져서 나온 것입니다.

말하자면 우리는 라디오나 텔레비전의 어느 방송을 들을까 하고 마음대로 채널을 돌려 들을 수 있을 것입니다. 우리는 채널에 묶이지 않았기 때문에 마음대로 하는 것이지마는 의식이 묶여버린 사람은 채널 하나만 알고 다른 채널은 모르기 때문에 한 채널만 듣게 됩니다. 자기 마음 의식의 고정된

상태에 따라서 고정된 세계가 열리는 것입니다.

한 채널만 듣는 사람은 다른 채널이 있는지 알지 못합니다. 그냥 한 채널밖에 없는 줄 압니다. 그와 마찬가지로 각자가 자기 세계밖에 모르니까 그렇지, 그것보다 한 걸음 물러서서 깊은 자기에 도달해 보면 한 채널만 아니라 그 밖의 수많은 방송주파를 파악할 수 있고 들을 수 있다는 것을 압니다.

이처럼 천상 가운데서도 여러 천상이 있고 중생이라도 여러 중생이 벌어지는 것은 중생이 되는 근본이 마음상태에 있고 그 정도에 따라 그 세계를 받는 것이기 때문에, 우리 인간 세계가 지금 여기 있다는 것을 의심하지 않는 것만큼 천상이 있고 또한 사후세계가 있습니다.

저는 확신합니다. 누구든 마음을 안정해서 맑고 고요하고 깊은 마음에 거무르게 되면, 말하자면 번뇌망상, 인간이 가지고 있는 정도 한계를 벗어난 그런 깊은 마음상태에 가면 인간 이외의 세계를 갈 수도 있으며 볼 수도 있습니다.

—— 진리광명을 움직이는 사람들

인간 존재 하나하나가, 사실인즉 내 몸뚱이가 나인 것처럼 보이지마는 몸뚱이가 나는 아닙니다. 몸뚱이는 드러난 조그마한 싹이고 이 몸뚱이라는 싹을 나타내기 이전에는 대지와 같이 큰 것입니다. 대지 가운데 조그만 몸뚱이 같은 싹이 나와 조금 자랐다가 조금 있다가 시들어 끝나고 마는 것인데 '이것이 나다' 생각하는 것이 범부들입니다. 그렇지마는 눈 밝은 사람, 대지

와 허공과 천지가 자기인 줄 아는 사람은 죽지도 않고 살지도 않고 영원히 생생한 채 있는 것입니다.

제가 배운 것은 잘 아시다시피 세속의 책들 읽은 것 하고, 그 다음에 책을 내동댕이쳐 버리고 선방에 들어가서 눈 감고 앉아서 참선한 것이 모두입니다.

참선은 무엇인가? 문자와 이론으로 배우는 것이 아닙니다. 문자와 이론으로 알 것 같으면 무엇 때문에 절에 들어가서 그 고생을 하겠습니까? 집에 앉아서 부모 잘 모시고 대접 받아가면서 공부를 하든지 할 것이지 무엇 때문에 절에 들어가서 그 야단이겠습니까? 문자와 이론으로는 진리를 알 수 없기 때문에 문자와 이론 이전의 것을 직접 보려고 그 야단입니다.

저는 선방에 살면서 뭘 얻지는 못 했어도 서당 개 삼년 동안 오락가락하다가 풍월을 읊는다는 말이 있다시피, 말과 이론 이전의 것, "반야바라밀, 반야바라밀"을 보았습니다. 그러면 말로만 '반야바라밀' 그러는데 실제는 무엇인가?

이것은 불광의 독특한 수행체계도 되고 제 말도 독특한 것이 되고 여러분께서 불교를 배워도 다른 사람과 다른 것이 거기 있음을 말해 줍니다. 그러니까 여러분은 반야바라밀을 듣고(귀로 듣는 것이 아닙니다), 반야바라밀 진리광명이 자기 생명 가운데서 솟아오르는 것을 보는 사람들입니다. 반야바라밀을 굴린다, 바로 자기 생명, 진리광명을 움직이는 사람들입니다.

"만약 선남자 선여인이 이 대명주를 외우면 스스로 몸에 괴로움이 없고 또한 남도 괴로움이 없고 둘이 다 편안하느니라."

마하반야바라밀은 대립이 없습니다. 저 사람과 친하고 싶은데 어떻게 하면 친해질까? 저 사람이 누구인가? 어른일 때도 있고, 스승님일 때도 있고, 친구일 때도 있고, 사업할 동업자일 때도 있을 겁니다. 그 사람과 사이가 좋아지고자 할 때 마하반야바라밀을 염하면 됩니다. 마하반야바라밀은 상대방과 막힌 것을 풀어버리기 때문입니다. 대립이 아닙니다.

마하반야바라밀은 일체의 기도를 성취시킵니다. 그렇기 때문에 서울에서 기도했는데 부산에 있는 사람이 성취했다든가, 또 절에서 기도했는데 병원에 있는 환자가 나았다는 등 장소를 달리 하고 있으면서도 서로 통해서 이루어졌다는 것은 마하반야바라밀이 서로에게 막힘없이 일체를 하나로 이루는 상태, 대명주이기 때문에 그렇습니다. 그런데 이 대명주는 입으로 외우는 것이 아니라, 몸이 외워야 합니다. 몸이 외울 정도니까 많이 외워야 하며 일심으로 외워야 합니다.

어느 보살님의 전신 류머티즘이 나았던 얘기에서 갑상선이 나았던 일, 가정에서 힘들었던 일들이 마하반야바라밀 몇 달 하고 나서 깨끗하게 되니 그저 기쁜 일뿐이라 합니다. 그런데 그 기쁨은 어디서 생겼는가? 딴 것이 아니라 마하반야바라밀 열심히 하니까 그렇게 된 것입니다. 잠 안 자면서 했다고 했습니다. 그래서 마하반야바라밀은 대명주, 내 몸 자체가 반야바라밀이

되라는 것입니다.

마하반야바라밀을 입으로만 외우지 말고 몸으로 외우는 대명주를 배우면 무장애, 즉 장애가 없는 사람이 되며, 속박에서 벗어난 해탈심이 되며, 부족함 없는 원만심이 되며, 무엇인가 성취하는 성취심이 된다고 했습니다.

【 죽지 않는 법 】

　부처님의 법은 이 세간에 모든 것이 허물어져도 허물어지지 않는 참된 진리를 가르쳐 줍니다. 그렇기 때문에 귀하고 귀한 것입니다.

　현재 우리가 보고 만지고 느끼는 그 모두는 형상이 있는 것이고 마침내는 허물어지는 것입니다. 형상이 있어서 눈으로 보고 손으로 만지는 것이든 내 생각 속에 그림자처럼 던져진 것이든 어떠한 고결한 사상이든 치밀한 이론이든 그 모두는 환으로서 꼭두각시와 같이 있는 듯 없는 듯 하는 것이고 조만간 스러지는 것입니다.

　그러나 부처님의 법은 죽지 않는 불사의 법입니다. 옛 스님들 가운데는 부처님께서 가르쳐 주신 죽지 않는 도리를 믿고, 또 그와 같이 하셔서 마침내 우리 범부의 눈으로 봐서 그 육체가 사라진 듯이 보여도 본인은 사라짐 없이 '나는 간다' 하고 그냥 어느 길을 떠나는 것처럼 가시는 분도 있습니다.

　지금 생각나는 것 중에 어느 스님인가 기억은 안 납니다마는 제자들을 모아놓고 하시는 말씀이 "나는 그만 가겠다" 하고 작별인사를 한 후 행장채비를 하고 집에서 한 걸음 문 밖에 나가시더니 선 채로 가버리셨습니다.

대부분의 사람들은 이 몸뚱이가 전부인 줄 알고 있습니다. 하지만 이는 겉껍데기만 보는 것입니다. 우리 몸 겉모습 앞뒤만 거울에 비춰 보고 내 몸만 보고 있는 것이지 내 마음 내 생명은 보지 못하는 것입니다.

생명은 우리 눈으로 볼 수는 없지만 없는 것이 아닙니다. 생명이 있음으로써 다친 몸도 새로워지고 작은 몸도 커지고, 변화를 가져오는 데 있어서 대응할 수 있는 힘이 생기는 것입니다. 보이지 않는다고 해서 없는 것이 아니라 참으로 있는 것은 보이지 않는 가운데 있습니다. 마음의 눈을 뜨면 그것을 본다는 것입니다.

우리 불자들이 수승하고 장하다고 하는 것은 이 불사不死의 법을 배우기 때문입니다. 불사의 법이 원만구족한 진리로서 내 생명에 깃들어 있는 것을 믿기 때문에 반야바라밀을 배우는 제자들이 부처님의 제자 가운데서도 가장 수승한 법을 배운다고 말할 수 있습니다.

—— 누가 성자인가

오늘 형제들이 부처님께 예경을 올리고 예참을 드리고 독경하고 발원하는 것을 들으니 이런 느낌이 듭니다. 성자가 누구냐? 여기 모인 불자들, 이분들이 성자가 아니고 누가 성자이겠습니까? 이 땅 전체가 허물어지고, 이 몸 모두가 허물어지고, 천지가 없어지더라도 없어지지 않는 불멸의 법, 그 진리를 스스로 믿고 배울 뿐만 아니라 온 누리 사람들에게 가르쳐 주고, 그 법을 오래오래 우리의 후대 또 그 후대까지라도 이 땅의 사람들에게 가르쳐

주려고 하는 여러분, 이렇게 원을 세워서 정진하는 여러분들이 성자가 아니고 누가 성자이겠습니까?

대개 사람들은 눈앞에 보이는 것만 가지고 계산하는 경우가 있습니다마는 부처님 법은 진리를 중심으로 말합니다. 그래서 여러 형제들이 호법발원을 해서 부처님 감로의 법, 부처님의 불사의 법, 이 법이 이 땅에 오래 머물고, 이 땅에 영원하도록 원을 세우고 닦고, 정성스러운 정진을 바쳐서 불사를 뒷받침하고, 또 그렇게 큰 원을 가지고 정진하시는 여러분들이 성자가 아니고 누구냐 하는 것입니다. 제 마음 가운데서 여러분이 정말 성스러운 분들이라는 생각을 거듭 가지면서 감사한 생각을 갖습니다.

—— 감사가 운명을 바꾼다

불광의 진덕화 보살님의 수기에 보면 이런 얘기가 나옵니다. 불법을 알고 다닌 지 10년이 되었는데도 부처님께 기원만 드릴 줄 알았지 부처님께서 이미 주신 것에 대한 감사를 몰랐다고 했습니다.

그러나 몸에 병이 나서 지내던 중 우연히 불광법회 가족모임 하는데 참석했다가 거기서 법문을 듣고 불광법회를 처음 알게 되었다고 했습니다. 어느 날 이 보살님의 꿈에, 50여 명이 모여서 법회를 하고 어떤 낯선 스님이 법문을 하는 것을 들었다 합니다. 그런데 그 다음 날 간 곳이 바로 꿈속의 그 법회더라는 것입니다.

그것을 인연으로 마하반야바라밀을 알게 되고 감사할 줄 알게 되었다고

했습니다. 부처님과 통로를 열면 부처님의 한량없는 은혜와 위신력이 지금 내 생명에 넘치고, 좀더 반야바라밀을 염하고 믿음이 깊어지면 그것이 참으로 현실로 확정되어 버립니다.

내 생명 부처님 생명, 내 생명에 진리의 태양이 빛나고 있습니다. 이것이 현실입니다. 참으로 있는 것입니다. 그리고 그것을 모르는 경우는 모호한 경계에 눈이 가려서 참으로 있는 진리를 보지 못합니다. 그렇기 때문에 결국 말을 듣고 생각을 하면 생각이 나고 그렇지 않으면 잊어버리고 마는 것입니다.

그 진덕화 보살님이 감사를 배웠다고 했는데, 감사를 배우기 전에 누구든지 내 생명에 부처님의 진리광명이 충만해 있다는 사실을 내가 생각하기 이전에, 내가 믿기 이전에 원래 그렇다는 사실을 알게 되면 저절로 감사가 나올 것입니다.

내 생명이 지금 괴로움에 젖어 있고 어려움을 만났다 하더라도 내 생명 밑바닥에 진리의 태양이 빛나고 있으며, 부처님의 은혜와 위신력이 지금 나에게 깃들어 있다는 것을 생각할 때 감사하게 됩니다. 이 부처님의 은혜, 위신력에 대한 직관과 감사가 자기 운명을 바꿔가는 것입니다.

―― 참으로 있는 것은 무엇인가

무엇이 무명인가? 무엇이 우리를 어둡게 만드는가? 진리의 태양은 찬란히 빛나고 있건만 무엇이 우리를 어둡게 만드는가?

그것은 바로 미혹의 구름입니다. 미혹의 동굴 속에 들어가 있어서 그렇습니다. 미혹의 구름은 다른 것이 아니라 육신을 자기 자신으로 삼는 것과 생각이 자기 마음이라 여기는 것입니다.

그래서 이 몸과 생각이 자기라고 아는 데서부터 무명이 자랍니다. 육체를 자기로 삼고 생각의 그림자를 자기 마음으로 삼아 거기에 현혹되어 범부가 되는 것이며, 결국 자기의 본래 밝은 광명을 잃어버리는 것입니다. 이처럼 이 몸을 가지고 살고, 이 세간 물질을 가지고 살고, 이 생각을 움직여 가지고 살면 이것은 뜬구름 같은 삶입니다.

참으로 있는 것은 내 눈에 보이지 않는다 하더라도 호흡하고 말하고 생각하는 이것, 눈에 안 보이지만 참으로 있는 것을 의심할 수 없습니다. 그렇게 육체와 물질과 감각경계에 매어 있는 데서부터 벗어나게 될 때 바로 부처님과 무한공덕 세계의 통로가 열리는 것입니다.

세계의 중심

　대개 우리들은 일상의 삶 속에서 그 중심이 자기 자신임을 잊고 지냅니다. 세계 속에 내가 있고 세계 흔들림 속에서 내가 흔들리고 있다고 하는 세계 종속적인 자기를 생각합니다.

　세계의 중심을 바로 우리를 떠난 다른 데 있는 것으로 착각하기 쉽습니다. 그러나 세계의 중심은 바로 우리들 자신입니다. 우리들이 지니고 있는 참된 진리를 운영하기에 따라서 세계가 흔들리고 혹은 평화롭고 혹은 따뜻하게 성장한다는 것을 자칫 잊고 지냅니다.

　그리고 우리들이 추구할 가치가 우리를 떠나서 밖에 있는 것처럼 생각하기가 쉽습니다. 가치의 중심을, 궁극의 가치를 우리들 밖의 다른 데서 구하려고 하는 것이 또한 우리들의 일반 경향입니다.

　하지만 우리 한 사람 한 사람은 지극히 존귀한 세계의 중심일 뿐만 아니라 존재의 근원입니다. 바로 인간은 절대 가치며 무한 가치입니다. 누가 인정해서 있는 것이 아니라 스스로 가치를 지닌 절대자입니다. 이런 점을 우리들은 잊고 있습니다.

그래서 앞 일을 열어가고, 환경을 만드는 일, 자기를 둘러싸고 있는 세계 상황에 대한 책임을 남에게 돌리려 한다거나 그 결과에 대해서도 남에게 돌리려는 경향이 없지 않은 것입니다. 세계의 중심이 바로 자신이며 절대가치의 핵이 우리 자신임을 알 때, 우리는 참으로 스스로를 어떻게 운영해 갈까에 대해 겸허해지는 것입니다.

그러면 이와 같은 우리 자신을 어떻게 볼 것이며, 어떻게 운영해서 세계의 중심이며 궁극 가치의 핵이라고 할 자기의 권위와 존엄을 지켜갈 것인가? 이에 대한 부처님의 근원적인 말씀을 들어보도록 하겠습니다.

──── 마음이 청정하면 국토가 청정하다

마음이 청정하면 국토가 청정하다. 국토가 청정하다고 하는 것은 환경을 말합니다. 여건을 말합니다. 작게 말하면 이 몸이 국토요, 우리 가정이 국토요, 우리 사회가 국토요, 우리 직장이 국토요, 우리 나라가 국토요, 우리 세계가 국토요, 중생의 모든 삶의 마당이 국토입니다. 국토는 어떤 나라와 나라의 경계로 그어진 그것만이 아니라 우리 마음의 대상이 되고 있는, 마음이 움직이고 있는 움직임의 결과로서 이루어지고 있는 모든 환경여건이 국토입니다.

그런데 이 국토 가운데에서도 부처님의 국토와 같은 그러한 국토를 이루는 데는 여러 가지 원인이 있습니다. 필경에 가서는 그 마음을 청정히 해서 그 마음이 청정함에 따라서 그 국토가 청정해지는 것입니다.

세계가 평화로워지고 세계가 번영되고 세상 모든 사람들이 참으로 착해서 세계의 평화가 이루어져야 한다는 것도 이를 움직이는 다른 힘이 있어서 그렇게 되는 것이 아니라 바로 세계를 보는 그 사람의 마음에 나타난다는 그런 뜻입니다. 그런 말씀이 경에 주욱 나옵니다.

그 결론이 바로 지금 내가 살아있는 동안에 정토를 얻기 위해서나 또는 내생에 내가 불국토(정토)를 이루려 하거든 그 근원인 마음을 청정히 해야 합니다. 그 마음이 청정하지 아니할 때 그 환경 그 국토는 결코 청정하지 못합니다.

경전에 보면 보적이라는 거사가 부처님께 보배로 된 큰 일산 오백 개를 올리고 법문을 청합니다. 부처님께서는 그것을 받으시고는 설법을 하셨는데 그 설법의 결론이 지금 나오는 대목입니다.

마음이 청정하다고 하는 우리의 마음이 바로 세계를 만들고 환경을 만들고 국토를 만듭니다. 환경국토가 거칠고 나쁘면 환경국토를 만든 그 사람이 책임을 져야 합니다. 어떤 신이나 조물주가 있어서 환경국토를 만들 때 나쁘게 만들었다면 그 만든 자한테 책임을 지라고 추궁할 수 있지만 이 국토를 만든 자가 누구냐 하면 바로 자기 자신입니다.

마음이 청정함을 따라서 국토가 청정한 것입니다. 가정의 평화는 내 마음의 평화입니다. 즉 내가 먼저 가정을 존중하고 가정의 평화를 생각하고 가족 모두가 불보살의 위의를 받고 있는 분이라 생각하고, 지극히 덕스럽고 착하고 복스럽고 참으로 행복하게 살 거룩한 분들이라고 마음속으로 깊이 신

뢰하고 믿고, 그렇게 대하는 것이 가정을 평화스럽고 안락하게 하는 기초인 것처럼 그 밖의 국토도 마찬가지입니다. 가정 국토가 그렇고, 사회 국토가 그렇고, 국가 국토가 그렇고, 세계 국토가 그렇고, 중생 국토가 그렇습니다. 바로 자기 마음을 떠나서 책임자가 따로 없다는 것, 이 점은 우리가 깊이 새겨 두어야 합니다.

오늘날 우리 주위를 둘러보면 걸핏하면 나 자신을 돌아보지 아니하고 나를 둘러싸고 있는 것을 말하며 다른 사람을 나쁘다고만 주장하는 경우를 흔히 봅니다. 일방적으로 상대방에게 책임을 돌려서 그 쪽을 매도합니다. 그래서 끝끝내 대립과 갈등의 연속뿐이지 환경이 청정해지지 않습니다.

우리 나라도 성장하는 가운데 수많은 계층들이 생기고 수많은 계층마다 입장이 다르고 주장이 다릅니다. 그럴 때 서로 결과에 대해서 상대의 잘못이라 하고 책임추궁을 상대에게만 밀어부치고 자기는 책임만 추궁하는 입장에 서게 될 때 끝끝내 평화는 오지 않습니다. 지금 우리나라 여건이 경제적으로 얼마간 성장하고 생활환경이 윤택해졌다고 하지만, 사회체제인 정치적인 부분에서는 조금의 성장이나 진보도 내딛기 어려운 실정입니다.

왜 그런가 하면 바로 근원적인 책임이 자기 마음에 있다고 하는 것을 미처 알지 못하기 때문입니다. 자기의 권위를 모르고 자기가 스스로 포기해서 그런 것입니다. 부처님께서는 불국토(정토)를 만드는 원인, 그 책임이 자기 자신에게 있다고 말씀하십니다. 마음을 조촐히 하는 정도에 따라서 불국토가 청정해진다는 것입니다.

"그대가 부처님의 지혜에 의지하지 않는 고로 이 땅을 부정하게 보는 것이며, 이 땅이 부정하고 악한 사람들만 들끓고 세상은 지저분한 것처럼 보이는 것이다. 너의 마음이 부처님의 지혜에 의지하지 않고 있기 때문에 부처님 국토의 청정을 보지 못하는 것이지 부처님의 국토는 내가 보기에는 자재천궁과 같다. 부처님의 지혜에 의지하면 그대가 부처님의 국토에 청정함을 보리다."

이렇게 범왕이 말했습니다.

"이때에 부처님께서 발가락으로 땅을 짚으시니 삼천대천세계 일체 대중이 모두가 연화보대에 앉아 있었다."

부처님께서 땅을 짚으시니까 이 세계가 청정할 뿐만 아니라 모든 사람들이 부처님과 똑같은 연화보좌에 앉아 있더라는 것입니다.

"나의 국토는 이와 같이 청정하건만 너희들 어리석은 자들을 건지기 위해서 부정한 것을 안 것뿐이다. 누구나 마음이 청정하면 곧 이 불토의 청정 장엄을 보리라."

이 부처님 말씀에서 우리는 세 가지 중요한 점을 새기고 싶습니다.

"마음이 중심이다. 나의 중심은 바로 나의 마음이며 나의 사회, 나의 국토의 중심이 바로 나의 마음이며, 나의 온 세계 그 중심이 나 자신이다. 나 자신이 절대적인 권능을 스스로 지니고 있는 자며, 그와 같은 책임을 지니고 있는 자며, 그와 같은 절대 가치를 지니고 있는 자다. 그래서 스스로 우리의 환경을 청정하게 만들고 우리 국토를 아름답게 만들고 평화롭게 만들고 번영되게 만들고 원만하게 만들며 나 자신의 마음을 청정하게 해야 한다. 마음을 청정하게 한다! 부처님의 지혜에 의지한다! 그렇게 되면 바로 이 국토가 청정한 것을 알게 된다.”

석가모니 부처님의 국토는 원래 청정하건만 내가 눈이 어두워서, 내가 명인이라 해와 달이 밝은 것을 보지 못하는 것처럼 부처님의 청정국토를 보지 못하는 것입니다.

우리 국토환경의 청정을 이룩하고자 하면 내가 먼저 마음을 밝혀야 한다는 것을 제일 먼저 배워야 합니다. 많은 형제들이 저에게 의논을 합니다마는 가정문제나 일신문제나 사업관계 문제나 사회환경 문제나 모든 문제 해결의 기점은 자기 자신의 마음 뿌리에서 비롯되는 것임을 기억하셔야 합니다.

내 사업이 원만해지고, 내 가정이 평화로워지고, 나라가 번영되고, 세계가 평화로워지기 위해서는 자신을 돌이켜서 내 마음의 청정을 먼저 관해야 합니다.

“내 마음의 부처님 지혜에 의지하라”는 것은 내 마음을 비우라는 뜻입니다. 내 마음에 좋다 나쁘다 구별하고, 밉다 곱다 하고 차별하고, 생각으로 가지고 있는 여러 가지 잡된 요소들은 싹 비워버리는 이것이 부처님의 지혜에 의지하는 것입니다.

그 마음부터 바꿔라

월간 「불광」 초기에 나왔던 내용 가운데 김현진 거사님의 수기가 있습니다.

어느 날 60대의 거사님이 찾아오셔서 부인의 병이 낫지 않는다고 호소하였습니다. 그 거사님 부인의 병은 신경통으로 시작해서 당뇨에다가 근래에 와서는 심장병까지 겹쳐서 중태에 있으며, 7년 동안 투병 중이라고 했습니다. 또한 본인이 무엇을 해도 백사불성으로 되지 않는다고 하면서 거사님은 고민스런 얘기를 구구절절이 털어놓았습니다. 그분의 얘기를 장시간 들은 결과 결국 가정 가운데 불화가 있는 것을 알고 그것을 풀었더니 건강이 회복되었다는 이야기입니다.

그분은 북한에서 월남해온 분인데 남한에 와서 열다섯 살 차이 나는 부인과 결혼했습니다. 일남 일녀의 자녀를 두고 사업이 잘될 때에는 평화롭게 살았는데 사업이 뜻대로 안 되면서부터 서로 불화하기 시작했습니다. 더욱이 남편에 대한 모멸이라고 해야 할까, 부인의 핀잔이 심해서 가정이 항상 어두웠다는 것입니다.

그런데 어두운 마음 가운데에는 어두운 결과밖에 오지 않고, 불꽃 튀는 것 같은 분노심이나 미운 감정을 품으면 고통스러운 결과밖에 오지 않습니다. 저는 이 이야기를 하면서도 수많은 기억들이 되살아납니다마는 한 부부가 가정에서 평화를 이루지 못하고 밝은 마음을 지키지 못하면 그 집안의 자녀들에게까지 불행한 일들이 일어납니다.

부모가 불화하고 부모의 마음이 어두우면 그 집안에 어두운 그림자가 끼어 마치 겨울에 창문이 뚫린 것처럼 집안에 찬바람이 들어와서 집안에 불화스러운 일들이 생긴다는 이야기를 많이 해왔습니다. 지금 이 거사님의 경우도 결국 그러한 환경 가운데서 부인의 병이 온 것입니다. 이분은 기독교를 믿었다고 합니다. 그러나 도저히 참을 수가 없으니까 방향을 바꿔서 법문을 듣고 자기 마음을 고쳐서 해결하고자 했던 것입니다.

—— 우선, 그 마음을 바꾸라

"항상 잔소리만 하고 무능하다고 모멸을 주는 부인이라고 할지라도 부처님이 보셨을 때는 부처님의 공덕이 충만한 사람이고, 참으로 착한 사람입니다. 부처님의 말씀을 믿기 전에는 그렇게 보이지 않을 것입니다. 잔소리꾼이고 병으로 아무것도 못하고 정말 고통주머니라고만 알고 있던 그 마음을 바꾸어야 합니다"라고 조언을 해 주었습니다.

그분은 마음을 돌이켜서 다른 방에 혼자 앉아서 염불을 하고 아내에 대해서 "당신은 훌륭한 사람, 부처님의 은혜를 갖춘 사람. 그런데 이제까지 당

신을 나쁘게 봤다. 내가 잘못했다" 하고 참회하는 말을 하고 그쪽을 향해서 절을 했다고 합니다.

그리고 마침내 부인한테 사실을 털어놨습니다. 그러니까 부인이 눈물을 흘리며, "제가 당신 같은 분을 잘못 섬겨서 이렇게 병이 나서 집안 걱정을 시켰다. 정말로 잘못했다"고 하더랍니다. 서로 부어잡고서 7년 동안 얼었던 얼음이 녹아내리는 것 같은 눈물을 흘렸다고 합니다. 그렇게 서로 참회를 했습니다.

그리고 그것이 계기가 되어 부인도 마음을 고치고 기도를 하기 시작한 며칠 후, 아침에 일어나서 기도를 하는데 갑자기 더운 기운이 다리쪽으로 화끈한 것 같더니 그동안 얼음처럼 차가웠던 다리가 정상적으로 되었다고 합니다. 그러자 "내 다리 좀 봐요" 하면서 벌떡 일어나 남편을 깨워서 "내가 여지껏 잘못했다. 당신 한 푼도 안 벌어 주더라도 불평하지 않겠다. 앞으로 내가 광주리 장사를 하더라도 당신에게 부담을 주지 않겠다"고 말한 뒤 차츰 모든 병이 씻은 듯이 사라졌다는 것이었습니다.

—— 내 마음이 바뀌었을 때 환경도 바뀐다

"모든 사람은 부처님 공덕을 갖추어서 부처님의 지혜와 위신력을 갖추고 있는 분이다" 하고 부처님께서 말씀하신 것을 믿고 그렇게 대해야 합니다. 그렇게 했을 때 내 마음이 바뀌고 나의 환경도 바뀌는 것입니다. 대개 우리들은 생활 가운데서 귀로 들리고 눈으로 보이는 현상에 내 마음을 빼앗기

고 있습니다.

반야바라밀 수행을 하는 사람은 보고 듣는 환경에 마음을 빼앗기지 말고, 부처님의 말씀을 믿는 믿음으로써 자기 마음을 채워서 그 믿는 마음을 일시적으로 아는 것으로 지나치지 말고 항상 담고 있어야 합니다. 마하반야바라밀을 염하고 '부처님의 광명, 부처님의 지혜, 부처님의 위신력이 내 생명에 넘치고 있다' 하고 끊임없이 관해야 합니다. 그리고 평소 대하는 사람들마다 그렇게 대해야 합니다.

가정은 우리 생활 가운데 많은 부분을 차지하는 곳입니다. 그렇기 때문에 가정에 있어서 화목은 서로 존중해 주고, 화합하고, 광명스런 부처님 은혜의 몸이라고 알아주고 대해 주는 데부터 있다는 것을 배워야 합니다. 그렇기 때문에 부처님의 말씀을 우리 생활 가운데 실천해 나가지 아니하면 지식밖에 안 됩니다. 그리고 이렇게 부처님의 말씀을 알고 믿다가도 경계를 보면 다른 생각이 들어옵니다.

그러나 다른 생각이 들어와도 이길 수 있는 방법은 늘 말씀드렸듯이 힘들여서 염불하는 것입니다. 힘들여서 바라밀 염송하고 힘들여서 『금강경』을 읽고 『반야심경』을 읽고 석가모니불을 염불하고, 하여튼 염불을 일심으로 함으로써 부처님의 말씀이 말씀이 아니라 바로 내 생명의 존재라고 하는 것을, 내 생명의 참모습이라는 것을 자신이 보고 알아버리는 것입니다.

말하자면 일심으로 염송하면 깊은 마음이 서 있는 자기 자신에 도달할 수 있습니다. 그때는 불법이 남의 것이 아닙니다. 불법은 바로 나이며, 불법

의 진리는 내 생명의 진리입니다. 이렇게 해서 부처님의 말씀은 나의 생명을 말씀하신 것이라는 결론에 도달하게 되어서 불법은 바로 진리생명의 말씀이고 자기 생명의 길이라는 것을 이해하게 됩니다.

—— 내 생명에 깃든 부처님 진리를 내어 쓰자

'어떤 이유라도 분노심을 가슴에 두지 말자. 내 생명에 깃든 부처님의 진리, 부처님의 태양을 꼭 생각하고 내 가족 한 사람 한 사람에게 깃든 부처님의 무량공덕생명을 꼭 지켜보고 내 마음에서 부정적인 생각을 제거하자.' 그렇게 되었을 때 만인이 태양 앞에 밝은 빛을 받는 것처럼 부처님의 무량공덕생명을 제각기 체험할 수 있습니다.

그래서 기도뿐만 아니라 우리의 생활 하나하나가 진리 위에서 성취되는 그러한 성취자가 되자는 것입니다. 이것을 아는 데 그치면 그것으로 끝이지만, 누구든지 깊은 진리를 알고 모르고간에 그저 내 생명에 깃든 부처님의 광명을 믿고 일심으로 바라밀을 염송하게 되면 이해가 안 되더라도 눈으로 봐버리는 것입니다.

'심정국토정心淨國土淨, 마음이 청정하니 국토가 청정하다' 는 이 대목은 항상 외우는 『유마경』의 말씀입니다. 이 법문은 우리가 끊임없이 내 마음이 청정한 것을 현전함으로써 우리 국토, 즉 몸도 국토요, 가정도 국토요, 우리 사회, 우리 나라도 국토요, 세계가 국토요, 온 중생세계가 다 국토란 뜻입니다. 그러니까 마음이 청정하므로 국토가 청정해진다는 대목이며, 이것을 알

아서 반야바라밀을 염해서 자신과 이웃에 빛나는 부처님의 청정광명을 생각하고 감사하자는 것입니다.

그러므로 우리에게는 '누구 때문에 안 됐다' 하는 원망은 없습니다. 결국 내게 나타나는 불행은 내 마음이 청정한 것을 모르고 부정한 마음을 가지고, 원망하는 마음을 가지고, 들끓는 마음을 가졌기 때문입니다. 그것을 다 비워버리고 부처님의 청정광명이 끊임없이 충만한 것을 생각하고 감사하자는 것입니다. 이것이 기도의 핵심입니다.

최상의 기도법

아마 1951년 가을일 겁니다. 그때만 하더라도 저는 기도에 대해 잘 몰랐습니다. 원래 청산이 무엇인가 구경하러 절에 갔던 처지였기 때문에 기도는 아예 생각도 못 했고 또 부처님께 대한 예경조차 합리적으로 이해가 되지 않는 상태였기 때문에 그 이상의 것을 구할 수도 없었던 처지였습니다.

어쨌든 저는 스님들의 배려로 선방에서 참선을 했습니다. 선이라고 하면 다들 알다시피 번뇌가 끊어진 자리를 향해서 살아가는 것이요, 그러기 위해서 번뇌가 없는 실물을 추궁해 들어가는 행법입니다. 선방 생활은 아침에 일어나서 밤에 잘 때까지 밥 먹고 그밖에 작용하는 시간 빼놓고는 전부가 선의 시간이기 때문에 기도고 뭐고 생각할 여지가 없었습니다.

그런데 그후에 일 년 정도 절에 있다 보니까 불법에 대해 이해가 생기게 되고 그 다음에는 부처님 그리고 관세음보살 혹은 지장보살 같은 성자들의 큰 원과 큰 행에 대해서 감동을 느끼게 되었습니다.

그래서 처음으로 한 기도가 지장기도입니다. 대비대원 대성대자 지장보살께서는 '일체 중생을 제도하시어서 저들 중생이 결코 악을 짓지 아니해

서 지옥의 이름이 없어지며 내지 한 사람도 중생으로 남아 있는 한 성불하지 않겠다'고 하셨습니다.

'중생도진衆生度盡, 중생을 다 제도한 후에 깨달음을 이룬다.'

'지옥미제地獄未際 서불성불誓不成佛 방진보리方盡菩提, 지옥을 제거하지 아니하면 맹세코 성불하지 않는다'고 하는, 일체 중생을 완전히 제도한 후에 성불하겠다고 하는 큰 원, 지장보살의 대비대원이 감동적이었습니다.

그 무렵 생각들로 꽉 찼던 시절이었기 때문에 나의 원을 당신이 증명하시라는 그러한 마음으로 기도를 했던 것 같습니다. 천수다라니를 매일 4분 정근했습니다. 그때는 한 번에 20편씩 지송한 것으로 기억합니다마는 오늘날과 같은 반야바라밀을 몰랐기 때문에 천수다라니에 있는 그대로 "서구 일체중생誓救 一切衆生, 맹세코 일체 중생을 제도하겠다." "광발보리심廣發菩提心, 널리 큰 깨달음에 브리의 마음을 내어서 일체 중생을 다 건지오리다" 하는 서원을 세워 놓고, 그 다음에는 일체 중생의 지옥을 대신 참회하며, "제심 일체 상속구단諸心一切 相續不斷, 마음을 한 곳으로 모아서 끊임없이 지속해 나아가겠나이다" 하고 기도했습니다.

—— 상기병을 다스리기 위해 시작한 기도

저는 이에 근거해서 대비주를 일심으로 외웠습니다. 참선을 하다가 잘못해서 상기가 올라서 참선하기 어렵게 되었을 때였습니다. 참선을 안 할 수도 없고 그렇다고 계속 할 수도 없고 그러한 어려움을 당했을 때 주변에 있는

분들은 "수좌가 상기가 오르면 그건 다 틀렸다," 절에서 하는 말로 "혼자 사는 여자가 바람난 거와 마찬가지다," "다 틀렸으니 팽개쳐라" 했습니다. 팽개치면 낫는 모양이었습니다. 그러나 팽개칠 수 없으니까 못 고친다는 것입니다.

그후에 참선하다가 상기가 올랐던 사람들이 두 가지 방법으로 해결하는 것을 봤습니다. 하나는 통도사에 계시던 박병완 스님의 경우인데, 골이 빠개지든 열이 나든 그냥 화두를 지속해 나가서 마침내 해결하는 방법으로 성공한 분은 그 어른 한 분밖에 못 봤습니다. 그분의 신앙수기가 월간 「불광」에 소개된 적이 있습니다.

또 하나는 어느 어른 스님이 상기가 올라서 참선할 수 없으니까 전국에 절 몇 군데를 정해 놓고 뱅뱅 돌아다녔습니다. 여기 가서 일주일, 다음 절에 가서 한 달, 그 다음에 한 달, 이렇게 돌아다니면서 참선을 하신 것 같습니다. 그 어른은 지금도 제가 참으로 존경하는 큰스님입니다마는 건강하시고 정말 자비보살로서는 제1호라고 하시는 큰스님입니다.

그런데 저는 그때 상기가 나서 다 그만두라고 했는데 그만둘 수도 없고 해서 시작한 것이 기도입니다. 기도방법은 천수다라니를 외는 것으로 시작을 했습니다. 천수다라니를 외워 보면 거기 이런 대목이 있습니다. 한 번에 1,008편씩 하루 네 차례 정근해서 21일간 하는 기도법이 있습니다. '아르륵게' 라 하는 향나무 향을 준비해 놓고 향로에다 하나씩 던지면서 천수 1편에 향 하나씩 사루는 작법이 있습니다. 향은 안 사루었지마는 하여튼 그렇게 부

지런히 지송을 했던 생각이 납니다.

───── 천수다라니 하루 4천 편 하다

많은 분들이 천수다라니를 외우시지만 하루에 천 편 외우시기는 힘드실 겁니다. 그런데 4천 편이라고 하면 "그것 불가능한 일이 아니냐"고 반문하실 것입니다. 어쩌면 그럴지도 모릅니다. 그런데 저는 그 당시 부처님께서 경전에 불가능을 말씀하시지는 않았다는 확신이 있었습니다. 확실히 그렇습니다. 힘들여서 하면 되는 것입니다.

실제로 하면 됩니다. 있는 힘을 다 들여서 하면 됩니다. 1분에 5편이면 한 시간이면 삼백 편, 세 시간이면 구백 편, 세 시간 반이면 천 편이 넘습니다. 그러니까 아침에 세 시간 반, 아침 먹고 세 시간 반, 오후에 세 시간 반, 저녁 먹고 세 시간 반. 그렇게 세 시간 반씩 네 차례, 그렇게 해서 12시간만 지송하더라도 가능하더군요.

제가 이 말씀을 드리는 것은 "정진은 힘들여서 해야 한다.", "경의 말씀은 결코 헛된 약속을 하고 있지 않다"는 것을 알려드리기 위해서입니다. "이렇게 지송하면 이런 결과가 있다" 하고 경에 나왔다면 그것은 확실한 약속입니다. 우리가 그것을 지키지 아니하고 결과를 바라는 것이 있어서도 안 될 것이고 실제로 경에 기록된 말씀을 해 보면 된다는 것입니다.

제가 그후에 여러 사람들을 만나봤습니다마는 천수다라니를 하루에 4천 편 이상 하시는 분을 몇 사람 못 보았습니다. 주안에 계신다는 어느 거사

님은 하루에 2천 편을 하신다고 했고, 선방에 계신다던 스님은 하루에 오천 편 정도 하시는 분이었고, 그리고는 별로 만나지 못했습니다.

최근 만난 보살님 가운데 6, 7천 편까지 하시는 분을 만났는데 실제 그 분이 그 정도의 삼매력을 형성하고 있는지까지는 제가 확인하지 못했습니다. 그 밖에 또 한 분 거사님도 하루에 4, 5천 편 하시는 것을 보았습니다.

그런데 이렇게 되려면 생ㆍ사를 떼어 놓아야 합니다. 한 고비 넘기려면 "죽으면 죽고 살면 살고 나는 한다" 하는 목표를 세워놓고 돌진해 들어가야 합니다. 바위라도 뚫고 들어가는 힘으로 생사를 떼어 놓아야 합니다.

그 고비를 한번 넘어가야 그 힘이 생깁니다. 1분간에 3, 4편 고비를 넘기기 시작하면 삼매의 힘이 생겨집니다. 이것은 설명할 것이 아니라 누구든지 넘어가면 아는 것이기 때문에 지루한 말씀 드리지 않겠습니다. 부디 기도 가운데서 어려움을 이기고, 어려움에 적당히 타협해서 지내거나 좌절하지 마시고, 어려움을 이기는 가운데서 힘을 얻는다는 것을 마음에 두셔서 큰 성취 있으시길 바랍니다.

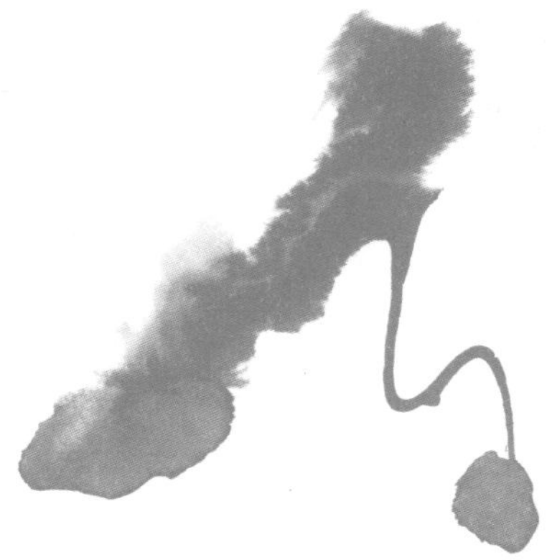

반야바라밀

반야바라밀은 진실만이 온전히 드러난 궁극적 실재다.

일체 제불의 법이 반야바라밀에서 나고, 일체 제불이 반야바라밀에서 난다.

궁극적 진실인 반야바라밀, 거기에는 대립이 없다. 어둠이 없다. 죽음이 없다.

오직 영원한 생명의 세계가 무한으로 열리며, 일체 중생생명의 근원이다.

우리는 일심으로 반야바라밀을 염함으로써 무한, 영원, 원만,

자재한 무량공덕 세계가 현출하고 무량공덕 세계와 하나를 이룬다.

무량광명이 넘쳐나고 무한생명이 넘쳐나며 건강과 평화와 뛰어난 지혜가 열려온다.

미운 사람이 있거든

혹 미운 사람이 있다면 원망하지 말고 밉게 보게 된 자기를 돌이켜봐서 내 마음을 맑혀야 합니다. 내 마음에 구름이 끼었기 때문에 내 앞에 어두운 그림자가 나타나는 것입니다. 어두운 그림자 물러가라고 방망이질하고 싸우고 미워하고 대립하고 해봐야 해결나지 않습니다.

눈을 감고 내 마음 가운데 어두운 그림자가 있는 것을 살펴서 내 마음 가운데 미운 감정, 내 마음 가운데 어리석은 감정, 내 마음 가운데 분노심, 내 마음 가운데 미혹한 생각들이 들어가서 그렇게 된 것을 알아야 합니다. 남을 원망하지 않고 대립하지 않고 싸우지 않고 내 마음을 돌이켜서 맑히는 것이 지혜입니다.

악은 원래 없습니다. 우리를 둘러싸고 있는 고난스러운 것, 장애 있는 것이 보이고 미움과 원망이 보이거든 내 마음을 돌이켜봐야 합니다. 내 마음을 돌이켜서 허물이 없다 하더라도 반야바라밀을 일심으로 염해서 내 마음을 맑고 밝게 하다 보면 그 속에 허물이 드러납니다. 내 허물이 뭐다, 내 잘못이 뭐다, 그렇게 알아져서 자기 마음이 정화되고, 정화된 마음속의 밝은 마

음이 더욱 밝아지면 그때부터 자기 앞이 밝아지는 것입니다. 이는 우리들이 수행을 통해 알 수 있고 성취한 사람들의 기록을 봐도 그렇습니다.

성북구에 사는 무상각 보살은 심장판막증에 걸려서 병원으로부터 수술하지 않으면 안 된다는 권고를 받았습니다. 집안에 온갖 장애가 있는 가운데서도 내 생명이 부처님 진리생명이라고 하는 가르침을 듣고는 그 깨달음을 통해서 항상 반야바라밀을 염하고 내 생명 부처님 생명, 하루하루 부처님 은혜가 넘쳐난다는 염을 하면서 시간을 보냈다고 합니다. 그렇게 해서 마침내 건강을 되찾게 되었다고 합니다. 항상 진리생명을 직관하고 내 마음 가운데 진리생명을 충만시켜 나갈 때, 내 마음이 밝아지고 내 마음이 진리생명으로 충만해짐으로써 나의 환경도 저절로 바뀌어집니다. 육체도 환경이고, 집안도 환경이고, 가족도 환경이고, 사업도 환경입니다.

여기서 만약 원망스럽고 악한 경계가 보이거든 내 마음을 돌이켜보십시오. 내 마음 가운데 혹시 거친 것, 어두운 것, 잘못된 것은 없는가? 없다 하더라도 그러한 경건한 마음을 가지고 일심으로 염하면 내 마음이 맑아지고 다시 밝아짐에 따라서 내 앞이 밝아지고 나의 환경이 밝아집니다. 마음에 거친 것이 있을 때, 일심으로 염하고 참회하면 그 거친 것이 새로운 교훈으로서 자기를 발견하게 합니다. 어려운 일을 맡게 된 것이 나에 대한 교훈이었다는 사실을 알게 됩니다. 이것은 누구나 교훈을 통해서 성장하는 이유이기도 합니다.

어느 누구도 대립된 자는 없습니다. 서로 진리로서 밝고 서로 아끼고 하나의 생명을 살고 있는 존재입니다. 서로 도와줄 때는 상을 갖지 아니하고, 대가를 받으려고 생각지 아니하고, 어떤 경우라도 대립관계가 아니고 항상 협동하며 결코 미움이나 원망이나 노여움 등의 감정이 나올 여지가 없는 본래 진리의 생명으로 살고 있다는 것이 거기서 나옵니다. 반야바라밀의 인간, 반야바라밀의 세계, 반야바라밀의 질서는 전부 현상적인 것, 대립적인 것, 다 공하고 없다는 반야의 지혜를 통해 있는 것입니다. 진리로서 하나의 생명을 이어가고 있습니다. 그럴 때 모두가 무한자이고, 신성한 자이고, 모두가 공덕을 갖추고 있는 자이고, 지혜가 있는 사람이고, 덕이 있는 사람이고, 아름다운 사람이고 행복하게 살 사람이고 불국토의 주인입니다.

반야를 통해서 이 현상적인 것은 무이고 또 공임을 보기 때문에 모든 사람들은 그렇게 신성하고 거룩하다고 하는 것입니다. 반야를 보기 전에는 모두가 업보중생이고, 죄짓는 중생이고, 어리석은 중생이고, 미움 · 원망 · 저주를 받을 중생으로 보이지만 반야를 통해서 그 모두가 정화되는 것입니다.

그래서 모든 사람들은 참으로 청정한 사람이다, 귀한 사람이다, 복을 받는 사람이다, 지혜있는 사람이다, 행복한 사람이다, 이렇게 반야바라밀 지혜로 볼 수 있는 것입니다. 우리 모두가 부처님의 생명을 살고 있다는 이 믿음은 반야바라밀에서 비로소 가능한 것입니다. 모든 현상을 공으로 보기 때문에 그러한 미움과 대립과 원망이 다 정화되고 깨끗이 맑혀져서 진리 실상

만이 나타납니다.

　그래서 우리 한 사람 한 사람 모두 공덕이 갖추어진 사람, 원만한 사람, 귀한 사람인 것입니다. 그렇기 때문에 우리가 꼭 알아둘 것은 반야의 눈으로 볼 때는, 부처님의 지혜의 눈으로 볼 때는, 내 생명의 깊이에 있는 진실한 눈으로 볼 때는, 악한 것도 없고, 미운 것도 없고, 원망스러운 것도 없고, 악도 없다는 것입니다. 그리고 악한 것이 보이고, 미운 것이 보이고, 원망하는 것이 보이고, 거친 것이 보이거든 그 보는 사람의 그 마음을 정화해야 한다는 것입니다.

—— 일체 실상은 공空이다

　또 한 가지는 어떠한 물건도 참으로 있는 듯 보이지만 그것은 인연에 따라서 서로 모인 것입니다. 인연에 따라서 모여져 형상을 가지고 있지만 인연에 따라서 흩어지면 형상이 없어지고 맙니다. 집도 그렇고 기계도 그렇고 모두 여러 부속들이 합해져서 이루어진 것이지 그 자체가 있는 것이 아닙니다. 집이라 한 것도 콘크리트를 쌓고 철근을 넣고 나무를 쓰고 뭘 바르고 해서, 그런 것 몇 가지를 합해서 된 것이지 집이라는 것이 원래 있는 것은 아닙니다.

　즉 존재하는 모든 현상들은 변해가는 과정에 있는 것으로서, 그 인연이 합해서 서로 의존관계를 통해서 있는 것으로 보일 뿐 실제로는 공이고 빈 것입니다. 실상은 공한 것입니다. 이렇게 분석해서 살피는 것들은 할 수 없이

우리가 보고 느끼니까 따집니다마는 처음부터 반야의 눈을 뜬 사람이면 처음부터 공인 것을 압니다. 그리고 모두가 공한 진리 자체도 형상으로 이와 같이 생겼다고 하는 한계로 지어진 존재가 아니라 형상을 초월한 존재인 까닭에 형상이 아닌 것은 공한 것입니다.

그래서 진리의 원성이 공하고 물질적인 것도 몇 가지 인연 따라 합해진 것이기 때문에 인연이 다하면 흩어지는 것이고, 본래 인연으로 인해서 이루어진 것이기 때문에 공한 것입니다. 또 모든 현존 인연으로 만들어진 존재마저도 중생들의 망령된 집착으로 이루어진 것이지 망령된 것이 없는 자리에는 본래 없는 것입니다. 그래서 우리 현상계 모두가 공하다고 설명하는 것입니다. 그리고 이 공한 것을 아는 것이 반야입니다.

반야심경에 반야바라밀다로 오온개공五蘊皆空, 즉 반야바라밀다로 오온이 다 공한 것을 봤다, 관세음보살이 오온이 다 공한 것을 봤기 때문에, 일체 고난에서 다 벗어났다, 관세음보살이 일체 고액에서 벗어난 것도 오온이 공한 것을 보는 반야바라밀다 지혜로 그렇게 했다는 것이 반야심경의 말씀입니다.

다시 강조하면, 이 현상계의 모든 모습이 있는 듯이 보여도 실제로는 없는 것입니다. 그래서 일체 대립이 없는 원만한 구족상, 형상을 초월한 완전상, 이것이 진리의 모습입니다. 이렇게 아는 것이 반야바라밀다입니다. 그러니까 우리 한 사람 한 사람은 각각 대립된 존재가 아닙니다. 우리 가족 우리 이웃 모두가 진리의 생명으로서 하나로 이어지고 있는 사이입니다. 서로

가 따뜻하게 하나의 생명으로 사는 삶이고, 서로 모두가 광명세계 진리생명을 사는 사이이고, 모두가 불국토의 주체적인 주인공으로 있는 생명입니다.

—— 일체 경계를 취하지 마라

무엇이 삿된 것인가? 유경계를 인정하는 것입니다. 무엇이 있다는 것을 인정하는 것입니다. 그러니까 반야바라밀 수행하는 형제들은 반야바라밀은 본래 무임을 알아야 합니다. 하늘 같다, 땅만하다, 완전하다 하는 이러한 말과 생각을 초월한 것입니다. 일체 경계가 다 끊어진 것, 청정한 한마음이라고 한다면 청정한 한마음에는 청정한 것뿐입니다.

허공에 한 물건이 없는 것처럼 맑고 맑아 허공이 맑은 것처럼 한 물건이 없는 것입니다. 그렇게 깨끗한 것입니다. 이것이 참으로 올바른 것이고 진실한 것인데 거기다 조그마한 것, 무엇인가 있다고 인정해 버리면 그것으로 막혀 버립니다.

염불을 하든 수행을 하든 일심으로 일념으로 오직 추구해서 나아갈 뿐이요, 경계를 취하거나 소리를 취하거나 아는 것을 취하거나 거기에서 멈춰 버리면 거기서부터 삿되어져서 비뚤어져 버립니다.

천수다라니를 외든 관세음보살을 외든 지장보살을 외든 무슨 수행을 하든 일심으로 할 뿐이요, 무념으로 추구할 뿐이요, 앞으로 나아갈 뿐이요, 처음에 배웠을 때처럼 오직 우직스럽게 앞으로 갈 뿐이요, 가다가다 마음이 맑아졌고 혹은 마음이 맑아져서 뭐가 보이고 무슨 소리가 들리고 내가 알지 못

하던 것을 깨닫게 되는 것도 모두가 수행 중에 나타나는 경계입니다. 그것을 조금이라도 마음에 담아두거나 생각에 담아두어서 '아, 그렇구나. 좋다. 이렇게 했으면 좋겠다' 이렇게 마음을 두고 생각을 파기 시작하면 사도에 떨어진 것입니다.

수행에서 제일 중요한 것은 "일체 경계를 취하지 마라. 일체 보고 느끼는 것을 취하지 마라"는 것입니다. 수행에서 제일 중요한 부분입니다.

일심에는 본래 형상이 없습니다. 진리의 근원 그 뿌리에는 형상이 없습니다. 그 근원뿌리에 거창한 사람이 있다든가, 권능한 자가 거기 떡 앉아서 "죄인들아, 여기 오너라. 네 죄를 사해 주리라" 이런 따위가 들어앉아 있다든가 하는 것은 귀신입니다. 그것은 귀신이요, 정말 무서운 위선 밑에 종이 되는 것입니다.

진리는 본래 무상 무형인 까닭에 무한입니다. 그러니 무상을 향해서 나아가는 사람은 무한을 가는 것입니다. 그곳이 내 생명의 본 자리입니다. 거기서 완전히 자유라고 하는 자기 확립이 서는 것이고, 무한 절대라고 하는 자기 권능확립이 서는 것입니다. 그런데 그런 자기 빛을 잊어버리고 눈에 보이고 귀에 들리는 새로운 무엇에 빠져버리면 그것은 요망스러워지고 요사스러워져서 안 되는 것입니다. 그러니 우리 경계에 떨어짐이 없어야 하겠습니다. 이것이 수행하는 데 있어 중요한 것입니다.

말세중생의 의지처

"세존이시여, 말세 중생들은 부처님께서 열반에 드신 지 점점 멀어지고 성현은 숨어 친근하기 어려우며, 삿된 법은 더욱 치성하올 때 이들 중생들이 어떤 사람을 찾아 어떻게 발심하여야 사견에 떨어지지 않으오리까."

"…정지견正知見인 선지식을 구할지니라…."

— 「원각경 보각장」

보각 보살이 부처님께 감사한 말씀을 사뢰고 묻는 내용입니다. "이제는 어떤 사람을 찾아서 어떻게 닦아야 되겠습니까" 하고 말세중생이 의지할 사람을 묻는 대목입니다.

우선 말세중생, 이는 무엇을 뜻하는 걸까요. "나쁜 것이 다 모여서 말세라든가, 말세가 되어서 저런 일들이 많다든가" 하면서 나쁜 세상을 말세라 그들 하는 것 같습니다만 여기에서는 말법시대를 말합니다.

부처님께서 열반에 드신 후 역사가 흐름에 따라 변천되는 시대를 구분해서 정법正法시대, 상법像法시대, 그리고 말법末法시대로 이름붙입니다.

정법시대는 부처님의 가르침이 온전히 바르게 서 있는 시기로서 부처님의 가르침대로 여법하게 수행을 하면 그 수행한 대로 증득을 해서 생사해탈을 한다는 때입니다. 그러한 정법이 왕성한 시대를 정법시대라고 합니다. 부처님께 반문을 하고 시비를 걸어왔던 사람이 부처님의 법문을 듣고는 바로 깨달아서 마음을 내서 도를 닦습니다. 도를 닦아서 마침내 생사 없는 열반언덕을 증득해 버리는 그런 얘기입니다.

정법시대는 부처님의 교법과 부처님의 행과 부처님의 도법을 증득하는 이 세 가지가 완전합니다. 그래서 부처님을 중심해서 약 500년까지는 무수한 도인들이 쏟아져 나왔습니다. 그것은 무엇인가 하면 순직해서 그런 것입니다. 따지고 이러고 저러고 하는 것보다도 말씀을 순직하게 받아들여서 진리 그대로를 그 가슴속에 담았던 사람들입니다.

그런데 지금 사람들은 그렇지 못합니다. 합리적인 두뇌가 발달되고 분석적인 두뇌가 발달되어서 무엇을 그려서 분석하고 짐작하려고 하니 가짜입니다. 그 생각이 끊어져야 얻는 것인데 생각으로 그리니 무엇을 얻겠습니까. 얻어지는 것이라고는 가짜뿐입니다.

두 번째 상법이라고 하면 형상이라는 뜻인데, 정법 비슷하다는 뜻을 가진 말입니다. 상법시대는 천년간입니다. 그때는 부처님의 교법도 있고 부처님의 수행도 있으나 증득해서 생사 없는 도리를 자유스럽게 쓰는 그러한 사람들이 적습니다. 사실 조사스님들을 보면 꼭 그렇지는 않지만 법상에 오르셔서 법문을 하시다가 그냥 대중에게 인사하고 앉으신 채로 가시고, 또 법문

하시고 방에 들어가셔서 자리에 앉으셔서 훌쩍 가시는 분도 계십니다. 또 어떤 분은 "어디 좀 다녀오겠다" 하고 집을 나서자마자 그냥 서서 가신 분도 계십니다. 마치 입고 있던 옷을 앉아서 벗고 서서 벗고 걸으면서 벗듯이 그렇게 육신을 벗으시는 도리가 없지 않지만 비교적 적습니다. 이런 상법시대는 교법과 행은 있어도 증득이 드물다고 했습니다.

그 다음 말법시대는 부처님 가르침만 남아 있습니다. 부처님의 가르침, 이론 지식, 이런 것은 다 아는데 실제로 닦는 사람은 드물다는 것입니다. 수행을 안 하는 것입니다. 이것은 말세가 가지는 특징입니다. 실천을 안 하기 때문에 증득도 없는 것입니다. 아는 것은 많지만 행이 안 따릅니다.

—— 불법은 실천을 통해 얻어지는 것이다

그런데 우리 불자들은 아는 것은 얼마 없습니다. 우리 불자들이 오늘날까지 가장 내세우는 것이 실천수행입니다. 복잡한 이론, 교학적인 이론을 말하지 않습니다. 실천을 통해서 불법은 얻어지는 것이기 때문에 우리 불자들은 천하가 말법시대에 왔다 하더라도 말법을 벗어난 데에서 살고 계신 분들이라고 말씀드리고 싶습니다.

그러나 또 하나 있습니다. 정법·상법은 왜 벌어지는 것인가? 정법은 부처님의 법이 항상 드러나 있는 시대, 그것이 정법시대이며, 반야바라밀, 반야의 지혜에서 볼 때 부처님의 법은 명랑하게 항상 홀로 빛나고 있기에 부처님의 법, 부처님의 태양은 저문 적이 없습니다.

구름 저 위에 태양이 빛나고 있는 것을 항상 보는 그것이 반야지혜입니다. 반야지혜가 없는 사람은 구름만 보고도 태양이 없다고 합니다. 이렇게 보는 세상에는 상법도 있고 말법도 있습니다. 그렇기 때문에 반야지혜에서 항상 부처님의 정법을 보는 사람은 정법시대에 사는 사람이라고 말할 수 있습니다. 이런 점에서 우리 불자들도 모두가 정법시대에 살도록 서로 노력해야겠고, 항상 "정법시대에 사는 사람이다" 하고 말할 수 있어야 합니다.

무엇보다도 우리들의 세상이 말세가 되어 뭐가 안 되고, 나쁜 일이 많고, 성현 만나기 어렵고, 부처님 열반에 드신 지 오래 되어서 삿된 법은 점점 성한다 하더라도, 날이 흐리고 비가 오고 뇌성번개가 치더라도, 내 마음의 태양, 진리의 태양은 저문 적이 없나니 언제나 우리 마음속에서 빛나고 있는 그 태양을 직관하고 밝은 마음, 기쁜 마음, 슬기로운 마음으로 살아가는 길, 이것이 반야학도의 길입니다.

—— 선지식의 역할

경전에 말씀하시기를 "탐진치를 다 버리고 애착을 다 끊고 선지식을 구하면 그 사람은 삿된 소견에 떨어지지 않는다"고 했습니다.

소견이 바르게 들어앉으면 그 사람은 성장합니다. 선지식을 구하면 그 사람은 사견에 떨어지지 않습니다. 선지식은 생사가 없는 저 언덕으로 인도하시는 분입니다. 생사가 없는 진리세계, 그것은 바로 불법佛法입니다. 불교는 바로 생사가 없는 도리를 가르치는 것입니다. 어떤 방법으로든 불교에 인

연을 맺게 해 주신 사람, 염불하게 했다든가 혹은 부처님 이야기를 해 주어서 그런 마음이 나도록 해 주었다든가 혹은 법회에 같이 인도해 주었다든가 하는 이런 분들도 선지식입니다.

나아가 마음속에 있는 집착을 끊게 만들고 미혹을 끊게 만들어서 마침내 밝은 본성을 깨닫도록 해주신 분도 정말 정지견正知見의 선지식입니다. 어떻습니까? 여러분들께서는 선지식이 얼마나 된다고 생각하십니까? 저는 이 대목을 말씀드리면서 "우리 형제 모두가 선지식이다. 우리 모두가 선지식이 됩시다" 하고 외치고 싶습니다.

육조혜능 조사의 『법보단경』을 보면 법문을 하실 때 "선지식들아" 하고 부르면서 법문하시는 대목이 나옵니다. 『임제록』에 보면 "도닦는 사람들이여" 하고 부르고, 저는 "형제 여러분" 하고 부릅니다. 우리 형제들 모두가 불법으로 인도하시는 분들, 불법을 닦는 분들, 그래서 우리가 참으로 선우가 될 것을 생각해야겠습니다.

생명은 본래 죽음을 뛰어넘은, 윤회를 벗어난 해탈심, 불사신不死身이라는 것을 우리는 알고 있습니다. 『반야심경』을 배우고 『금강경』을 배우는 우리들은 누구보다도 이 방면에서는 박사일 것입니다. 마하반야바라밀, 이 마하반야바라밀 생명이 불멸의 생명입니다. 죽지 않은 생명입니다. 죽음을 초월하고 죽음이라는 물거품을 나타내기 이전의 근본생명입니다. 근본생명이기 때문에 여기 부처님의 완전한 덕상과 지혜와 위신력이 갖추어져 있고, 우리가 끊임없이 그것을 바라보면서 그것을 내어 쓰고 그것으로서 살아가는

것이 바라밀행자의 수행입니다. 이것을 정녕 깨닫도록 하는 방법엔 여러 가지가 있습니다. 참선도 그것을 깨닫게 하는 방법이고 염불도 그것을 깨닫게 하는 방법입니다.

—— 구함 없이 구하라

또 "착한 일을 많이 해라" "보살도를 닦아라" 하는 것도 생사가 없는 생명을 깨닫도록 하는 방법입니다. 그런데 그 가운데서도 "이렇게 하면 내생에 좋은 일이 오겠지. 좋은 과보가 있겠지. 참선을 하면 좋은 과보가 있겠지. 착한 일을 하면 좋은 과보가 있겠지. 염불을 하면 좋은 과보가 있겠지." 이렇게 과보를 바라고 하거나 무엇을 얻을 조건이 있어서 하는 사람은 생사가 없는 곳에 가기는 어렵습니다.

왜 같이 염불하고 참선하는데 생사가 없는 데 못 가는가? 그것은 상相을 가지고 하기 때문입니다. 그러면 어디로 가는가? 지옥으로 가는가? 물론 그렇지는 않습니다. 천상에 납니다. 염불하고 참선하고 착한 일도 하고 삼매의 힘도 길러서 훌륭히 닦았기 때문에 이 금생보다 향상된, 참으로 덕스럽고 너그럽고 빛나는 자성의 빛이 충만하기 때문에 그에 상응하는 천상에 태어나고, 즐거움이 있는 그러한 훌륭한 국토에 태어나지만 생사가 없는 진리의 본 땅 해탈의 땅에는 못 갑니다. 그렇기 때문에 생사를 극복하는 길은 구함이 없이, 상이 없이 일심으로 닦아야 합니다.

상相을 여읜 반야의 안목에서는 불법이 항상 나타나 있으므로 어느 때

나 정법시대라 하겠지만 그렇지 못한 이승이나 범부들은 상법像法도 있고,
말법末法도 있게 됩니다. 모름지기 반야의 안목을 밝게 빛냅시다. 언제나 정
법시대에 사는 사람으로서 긍지를 가지고 수행하시길 바랍니다.

미움과 노여움이 쌓이면 병이 된다

"자기의 본 성품이 불佛인 것을 깨닫지 못하면 거짓된 아我를 집착하고 경계를 보며 그에 따라 애증과 미움과 원망 등 온갖 거친 마음과 행이 나오게 된다. 이와 같이 번뇌를 쉬지 못하고 애착과 미움이 있으면 끝없이 변화하는 경계를 보게 된다. 여기서 범부들은 수레바퀴 구르듯이 생을 거듭하며 육도를 윤회한다. 그러므로 윤회에서 벗어나려면 자기 본성을 깨달아 번뇌가 쉬고 증애가 쉬어야 한다. 우리 생활에서 우선 탐진치 삼독을 버려야 하며 상을 여의고 마침내 법에 대한 애착도 없어야 한다. 이런 사람이 선지식을 만나면 사견에 떨어지지 않는다."

—「원각경 정업장」

우리는 일상생활에서 아我에 대한 강한 집착을 여의기 쉽지 않습니다. 그래서 자기 뜻에 맞으면 기뻐하고 자기 뜻에 어긋나면 싫어하고 미워하고 원망합니다. 부처님께서 경에 이르기를 "먼저 탐진치를 버려라" 하신 것처럼 힘써 삼독심을 버려야 합니다. 분노심을 참으라는 것이 아니라 분노심이 없어야 합니다. 자신이 본래 무임을 깨닫고 나아가 상대방의 원만한 덕성을

관하여 감사하고 존중할지언정 반드시 원망심을 버려야 합니다. 노여움을 참아서 쌓이면 병이 됩니다.

우리가 비단옷을 입었든 거친 옷을 입었든 그것은 한때 옷일 뿐입니다. 덧옷이라고 하는 생을 제대로 가꿔 가려면 항상 자기 마음을 올바르고 바르게 가꿔가야 합니다. 부처님은 겉모습에 상관없이 내 안을 가꿔가라고 가르칩니다. 그러나 옷은 계절이 다했으면 벗어버려야 합니다. 유행없이 아무 때나 입는 옷이라 해도 결국 벗어버려야 합니다. 옷은 철따라 바꾸는 것입니다. 그렇기 때문에 아무리 착한 일을 했다 하더라도 결국 착한 과를 받는 생의 종말은 있는 것입니다.

—— 죽음이 없는 땅에 이르는 문

여기서 부처님께서는 유전문流轉門과 아울러 환멸문還滅門을 가르칩니다. 부처님께서는 인간의 삶이 윤회한다는 것을 가르치며 윤회하는 생은 자기 행에 따라서 새로운 생을 받으며, 그것은 생사이기 때문에 거기서도 해탈하야 한다, 근원에 돌이켜야 한다는 환멸문을 가르칩니다. 되돌아 꺼지지 않는 것, 열반의 언덕, 생명의 뿌리에 되돌아와서 죽음이 없는 땅을 가르칩니다.

고집멸도苦集滅道 사제법四諦法에서 보면 이 현실은 죽음을 앞에 둔 무수한 고통이 감겨있는 고입니다. 고의 원인은 무엇인가? 그것은 번뇌입니다. 번뇌가 모인 것입니다. 번뇌의 질에 따라서 그 과보가 다르다는 내용이며 모

든 것은 유전문流轉門의 법문이 되고 그 번뇌는 완전히 끊어야 합니다. 이 번뇌를 끊는 것을 멸이라 하고 멸하는 방법은 팔정도八正道입니다. 고집멸도 중에서 멸과 도, 이 두 가지 법문은 환멸에 속하는 법문입니다.

또 우리들이 아침에 법당에서 예불할 때 영단을 향해 항상 독경을 하는데, 독경의 내용을 보면 그것은 다 깊은 법문입니다. 그것이 무엇인가 하면, 우리의 생이 십이인연十二因緣에 따라서 무명無明, 행行, 식識, 명색名色, 육입六入, 촉觸, 수受, 애愛, 유有, 생로병사生老病死까지 반복하는 유전문流轉門을 설명하고 유전문을 거슬러 올라와서 끊어버리면 마침내 생사 없는 세계에 간다는 환멸문還滅門의 법문을 반복해 줍니다.

이것이 무상계 법문입니다. 이 무상계 법문, 이는 유전문의 설명에서부터 유전을 끊어서 결국 단멸斷滅해서 마침내 성과가 없는, 생사를 초월한 불멸의 생명지에 도달하는 법문을 해 주고 있는 것을 아실 겁니다.

『원각경』에서는 부처님의 이러한 가르침을 통해서 유전문에서 벗어나 정말 참된 자기 불멸의 생명에 가야 한다고 했습니다. 진리 전체가 자기인데도 불구하고 어느 부분을 붙잡고 이것이 나〔我〕라는 생각을 가지고 이 생각이 나라고 함으로써 유전하게 됩니다. 유전의 원인이 그렇다는 것을 알아서 나에 대한 집착을 끊어버려야 합니다.

나〔我〕에 대한 집착을 통해서 생겨지는 사상我相, 人相, 衆生相, 壽者相을 다 부숴 버려야 합니다. 또한 깨닫지 못하는 원인인 나에 대한 집착 때문에 자기 중심이 되고, 그럼으로써 자기에게 맞으면 기뻐하고 거슬리면 미워하

고 대립하고 투쟁하고 이런 식으로 애착과 미움이 겹겹이 붙게 됩니다.

—— 집착을 버리고 염불 수행하라

부처님께서는 깨달음에 돌아와 생사가 없는 언덕에 오르려고 하면 우선 애착하고 미워하는 마음, 이것은 버리라고 말씀하십니다.

"먼저 탐진치를 버려라. 우선 내 몸뚱이를 중심해서 집착하고 있는 탐심과 노여워하는 어리석은 생각들, 탐진치를 끊어 던져 버려라. 그리고 마침내 염불하고 수행하고 닦아서 '이 법이다' 하고 얻었다 하더라도 이 법이라고 하는 생각을 따로 짓지 말아라."

본래부터 깨달은 진리, 본래부터 완전한 진리며 법인데 '법이다' 하고 생각을 그리고 있으면 그런 것은 가짜다 이겁니다. 머리는 본래 있는 것인데 내가 머리를 얻었다 하면 그 얻었다는 생각, 그것은 가짜 생각입니다. 본래의 것에 눈뜨라는 것입니다. 이래서 탐진치를 끊고 마침내는 마음 가운데 있는 모든 상을 여의어서 법에 대한 애착마저도 마음에 두지 아니하는 사람이면 선지식을 만나서 삿된 지견에 떨어지지 않는다고 가르칩니다.

여기서 부처님께서 제일 강조하신 것이 증애입니다. 미워하는 것, 원망하는 것, 노여움, 이것을 버리라 했습니다. 이유가 있든 없든 버리라는 것입니다. 이것이 생사를 가져오고 금생·내생을 가져올 뿐만 아니라 금생·내생 가운데 불행과 고통을 가져오는 것입니다. 내생도 가져오고 내내생도 가져오고 계속 가져옵니다.

그래서 그러한 불행을 끊고 불행을 가져오는 생사를 끊어서 생사가 없는 영원한 진리 자체, 생명이 없는 진리 자체, 거기에 제대로 돌아오려면 우선 미움부터 버리라는 것이며, 노여움도 버리라는 것이며, 어리석은 생각을 버리라는 것입니다.

수일 전에 어느 보살님의 수기를 읽었습니다. 그 보살님의 고향은 온양인데 결혼해서 남편 직장따라 서울에 와서 살게 되었습니다. 시외할머니를 모시고 살면서 육남매 중 시동생 셋을 공부시키고, 시아버님도 한 달에 반쯤은 와 계셨습니다. 그럼에도 불평 한마디 없이 잘 모셨습니다. 그런데 시어머님께서는 칭찬 한번 하시지 않고 늘 꾸지람만 했습니다. 또 오고 가는 남의 말만 들으시고는 전화로 편지로 꾸지람을 반복하셨습니다.

그래도 보살님은 인내와 순종으로 참고 지냈다고 합니다. 그런 가운데 시어머니는 돌아가시고 시동생들도 다 장성해서 결혼하여 분가를 하였습니다. 그러다 보니 식구들도 단출해지고 할 일도 줄어들었습니다. 그런데 그때부터 몸이 시름시름 아프기 시작하였습니다. 온 몸이 형언할 수 없게 아프고 정신적인 불안 같은 것이 겹쳐오고 고통이 심해서 안 가본 데 없이 다녔던 모양입니다. 그런데도 낫지를 않았습니다.

다행히 거사님이 참 자상하신 분이라서 하루에도 몇 번씩 집으로 전화를 하시곤 했다고 합니다. 그러다가 강동구의 대자광 보살님을 만나서 우리 불광에 나오기 시작했습니다. 대자광 보살님은 "몸이 괴로운 것은 남이 가져다 준 것이 아니라 자기의 잘못에서 비롯된 것이고, 그 원인은 자기 자신

에게 있다. 그것이 무엇인지 그것부터 발견하여 참회하여야 한다"고 반복해서 말했다고 합니다.

—— 가슴속의 노여움과 미움을 지우라

그 보살님은 그 말이 몹시 거슬리면서도 다행히 대자광 보살님이 일러준 대로 기도를 함께 하셨다고 합니다. 기도를 열심히 하면서 자신도 모르는 사이에 뉘우치게 되었습니다. '내가 이렇게 염불을 하면서 지금은 살아계시지도 않은 시어머니를 왜 이렇게 미워하고 있는가.'

순종과 인내로 시부모님을 잘 모시고 시동생들 뒷바라지까지 잘 해왔지만 그 보살님의 가슴속에는 노여움이 가득 고여 있었던 것입니다. 앙금처럼 마음속 깊이 가라앉아 있던 그것이 병이 되어 나타났던 것입니다.

그렇게 기도하면서 시어머니에 대한 미운 생각이 마음속에 간직되어 있는 것을 발견한 보살님은 거기서부터 마음을 돌이키고 참회하고 열심히 기도했습니다. 삼칠일 회향일이 되었을 때에는 쏟아지는 눈물을 주체할 수 없었다고 합니다.

이 경우를 보면 역시 미움이라는 것, 노여움이라고 하는 것은 이유가 있든 없든 우선 자기 자신에게 손해가 오는 것입니다. 쌓이고 쌓여서 그것이 깊이 쌓이면 두고두고 고치기 어려운 병까지 들게 된다는 것을 알 수 있습니다. 또 한 가지는 자기 마음속 깊은 곳에 앙금처럼 가라앉은 병의 뿌리도 일심으로 염불하고 참회하면 그것이 소멸됩니다. 잠재의식 깊은 곳에 앙금처

럼 앉아있는 나쁜 때를 벗겨내는 방법은 일심염불하고 진정으로 뉘우치는 것입니다.

잠재의식을 정화시키는 방법, 그 방법은 일심염불입니다. 염불 삼매 속에서 참회하는 것입니다. 그렇게 일심염불로 참회기도를 한 보살님은 앓던 병이 깨끗이 나아버렸습니다. 나아서 활발하게 법등 임원활동도 하고 거사님도 항상 기뻐하면서 법회에 열심히 나오실 뿐만 아니라 전법을 하고 계시다고 들었습니다.

『원각경』에 있는 말씀 하나를 인용해야겠습니다.

"나의 몸이 본래 있는 것이 아닌데 미워함, 애착함 이것이 무엇으로 말미암아 나인가?"

나를 해치고 원망스러운 일이 생긴다는 것은 나[我]라고 하는 집착 때문이라는 것입니다. 나라고 하는 이 몸은 물거품같이 공허한 것이고 실제 있는 것이 아니며 본래 있는 것이 아닙니다. 그러하기에 무아無我의 생각으로 돌이켜야 합니다.

또 한 가지는, 나를 원망스럽게 대하는 분들, 그분도 원만한 덕성을 가지고 있고 훌륭한 분이라는 것입니다. 나를 키우고 나를 단련시키고 나를 성장시키기 위해서 그러는 것입니다.

아무리 나를 어렵고 모질게 대하는 분이라 할지라도 그분은 훌륭하신 분, 덕스러운 분, 나에게 은혜를 주시는 분, 나를 착하고 행복하게 살 수 있도록 키워 주신 분, 이렇게 마음을 먹어서 정말 부처님처럼 생각하고 대해야

합니다. 마음 가운데서 겉으로는 순종하고 속으로는 원망스럽게 생각해서는 안 됩니다.

순간순간 쉬지 아니하고 일체 부처님께 예경하는 삶. 어떻게 순간순간 쉬지 않고 일체 부처님께 예경하느냐? 그 방법은 부처님께 예경하듯 모든 사람에게 항상 공경하고 예경하는 자세가 그 마음에 있고 그 마음이 끊이지 않으면 일체 제불에게 예경하는 것이 됩니다.

역시 가정을 이루고 살아간다고 할지라도 서로 맞지 않는 것도 있고 성격이 두드러져 부딪칠 때도 있을 것입니다. 그런 때일수록 집안의 어른과 가족들을 부처님같이 생각하고 그분들이 참으로 나를 키워 주시고 나를 빛내 주시고 나를 행복하게 해 주시는 훌륭하고 은혜로운 분이라는 생각을 잊지 마시고 살아가야 합니다.

【 인간은 죽으면 그만인가 】

오늘을 살고 있는 우리들은 죽음에 대해서 그다지 생각하지 않는 것 같습니다. 오히려 위험한 것으로 회피하려고 하고, 어차피 찾아오는 죽음인데 그것을 굳이 생각할 필요가 있겠느냐 하는 사람도 있습니다.

그런가 하면 죽음이라는 사실을 기정사실화해 놓고 살아갈 인생에 대해서 차곡차곡 계획을 짜는 사람도 있습니다. 그런데 이 죽음에 대해 정면 도전해서, 죽음에 맞서서 죽음을 극복한 사람이 있습니다. 그 최초의 사람이 부처님입니다.

그분의 아버지 정반왕이 출가를 만류할 때 "네 소원을 다 들어줄 테니 출가만은 하지 말아다오" 하자 "아버님, 죽음이 없는 길을 가르쳐 주십시오" 하니 "죽음이 없는 길, 그 길은 나라도 어찌할 수 없다"고 했습니다.

사실 많은 사람들이 이 문제를 회피하려고 합니다. 그렇다고 해서 회피할 수 있는 것은 아닙니다. 정면으로 맞부딪쳐서 싸운 사람, 그래서 그것을 극복해서 승리한 사람, 죽음에서 승리한 사람은 한 사람 부처님뿐입니다.

부처님께서는 삶이 무엇이며 죽음이 무엇인가를 알아버려서 삶과 죽음이 없는 곳에 가셨습니다. 대개 이런 도리를 모르는 사람들은 죽음에 대해서 우선 두려운 생각을 합니다. 가장 두려운 것, 그것은 죽음입니다. 왜 두려워하는가 생각해 보면 모든 것에 대한 단절, 현재 소유하고 있는 일체에 대한 종말, 우선 그것이 느껴지기 때문에 그렇겠지요.

하지만 설사 종말이 온다 하더라도 새로운 생이 또 있다면 새로운 생에 대한 기대가 있고, 또 새로운 생이 어떤 것이며, 새로운 생을 살아가는 국토가 어떤 것이다 하는 것을 좀 알면 또 생각이 다를 것입니다. 죽음에 대해서 그렇게 공포를 느끼지 않고 잠시 다른 데로 여행가는 것처럼 그렇게 생각할는지도 모릅니다.

『육조단경』을 보면, 육조혜능 선사가 열반에 들게 되어 제자들을 다 모아놓고 마지막 설법을 하시고 게송을 읊으니까 제자들이 눈물을 흘리며 울고 그럽니다. 그러자 선사가 꾸지람을 하시며 말씀하시는 장면이 있습니다.

"내가 여태까지 이른 말을 너희들이 몰랐느냐? 알았다면 슬피 울지 않을 것이다. 내가 죽은 후에 효복(상복)을 입는 자는 나의 제자가 아니다. 내가 죽은 것을 슬퍼하는 것은 내가 어디에 가는지를 모르기 때문이다."

우리가 보기에는 겉모습이 사라지고 겉모습이 움직이지 않는 종말이 온 것같이 보이지만 혜능 선사 자신은 그렇지가 않거든요. 입고 있던 이 육체라는 보이지 않는 옷을 벗어놓고 딴 곳으로 간 것뿐입니다. 정녕 그러기에 태

연하십니다.

슬퍼하는 것은 내가 가는 곳을 몰라서 그렇다든가, 내가 죽은 후에 슬피 울고 효복을 입는 자는 나의 제자가 아니라고 하신 이런 스님 모두가 죽음이 없는 언덕에 이르셨고 죽음의 고개를 넘어서서 죽음이 없는 땅에서 사시는 분들입니다.

—— 윤회를 넘어서

우리가 보기에는 지금 살고 있는 이 생이 하나의 단일생으로 보이지만 삶의 깊이를 투시하는 지혜의 눈으로 보면 이 삶이 금생만이 아니라는 것을 알 수 있습니다. 말하자면 지금 여기 있다고 하는 것은 여기 오게 된 원인, 즉 과거가 있으며 그 과거를 전생이라고 합니다. 그래서 금생에 여기 오게 된 원인과 금생에 받게 된 환경의 원인을 투시해서 과거생의 어떠한 인으로 해서 금생에 이런 결과를 가져온다는 것을 보아냅니다.

이것은 삼매의 힘에 의해서 행해지기도 하지만 특별한 능력을 갖춘 사람들이 그것을 확인하기도 합니다. 근래에는 정신과학 방면의 사람들이 사람의 의식을 과거로 역행시켜서, 30세 된 사람에게 40년 전으로 역류시켜서 40년 전에 어디 있었느냐 혹은 100년 전에 어디 있었느냐, 500년 전에 어디 있었느냐 하고 거슬러 올라가서 과거생을 탐색한 기록들이 나오고 있습니다. 그밖에 심령과학에 대한 연구자료 가운데 그런 것이 많이 나오는 것을 보셨을 것입니다.

그런데 이것은 하나의 현실입니다. 지금 우리가 이렇게 살고 있는 것이 부정할 수 없는 현실인 것처럼 바로 이 현실이 내생에 대한 전생으로서의 현실입니다. 우리가 살고 있는 이 현실이 바로 전생에 대한 내생입니다. 그래서 이 현실은 과거생을 입증하고 미래생을 또한 동시에 말해 주는 것입니다.

그런데 이것은 그냥 반짝하는 상식과 인식능력 가지고는 이해가 안 되기 때문에 삼매의 힘을 가해서 아주 직관으로 보는 것입니다. 스스로 자기가 살고 죽고 하는 것을 분단생사分段生死라고 합니다. 그런데 살고 또 죽고 죽었다가 다시 삶 받고 반복하는 이 분단생사를 초월한 힘이 자기 자신에게 있는 것을 알지 못하고, 그 근처에 조금이라도 가까이 가서 깊이 있는 자기에 도달해 보지 않은 사람이 거기 도달한 사람이 말하는 것을 부정해 봐야 소용이 없습니다. 현실은 엄연한 현실입니다.

하늘에 태양이 없다고 부정하며 눈을 감는다 할지라도 하늘에 태양이 없는 것이 아닙니다. 태양은 그와 상관없이 여전히 빛나는 것과 마찬가지입니다. 이런 점에서 부처님께서 죽음에 대한 극복을 어떻게 하셨는가 하면 우리가 살아가고 있는 현상세계의 근원이 번뇌임을 아시고, 번뇌의 뿌리가 무명임을 아시고, 무명을 끊음으로써 열반을 얻은 것입니다.

말하자면 겉껍데기 덧옷으로 살다가 자기 생명에 깊이 파고 들어서 생명의 뿌리에 도달해 버렸습니다. 그렇게 죽음이 없는 저 언덕에 가셨으며 그 자리에서 보시니까 이 세간에 살고 있는 사람들이 이래서 되겠는가 하는 가르침이 나오는 것입니다.

일반적으로 부처님의 이 가르침은 사람의 죽음은 그것으로 끝나는 것이 아니라 또 생을 받는다는 것입니다. 또 금생에 오게 된 원인인 전생이 있다는 것을 윤회라고 합니다마는 이 윤회가 부처님의 지혜의 눈으로 본바 범부들의 생을 상속해 가는 모습입니다.

즉 범부들이 보고 느끼고 사는 세계의 변화상이 윤회의 세계이고, 윤회가 끊임없이 반복하고, 또 흘러서 구른다고 하는 의미에서 흐를 유流 구를 전轉자를 써서 유전流轉이라고 합니다.

그런데 이것은 어디까지나 부처님의 직관에서 오는 것입니다. 그래서 부처님께서는 끊임없이 윤회하고 있음을 가르칩니다. 그리고 유전이라고 하는 것은 생사며, 끝없는 죽음을 깔고 있는 고통이며, 아무리 순간순간 즐거운 일이 있다 하더라도 마침내는 죽음이라고 하는 것이 깔려 있는, 말하자면 죽음의 바다 위에 떠있는 물거품이 둥둥 떠나가는 것과 마찬가지입니다. 그렇기 때문에 마침내 윤회의 극복을 가르칩니다. 그러니까 금생이 전부가 아니며 금생이 있으면 그 이전에 전생이 있었고 또한 내생도 있는 것입니다.

다음엔 우리의 삶이 단일생이 아니라 다음 생에 대한 금생과의 관계, 이것을 또한 해명하려 합니다. 이 해명으로 현재의 행이 내생에 무엇을 가져오는지를 말하려고 말합니다. 이것도 연령年齡 역행법을 통해서 조사한 얘기 자료를 밝힌 것들이 많이 있습니다. 저는 죽었다가 되돌아온 사람들은 못 봤지만 죽음의 고개를 넘어가다가 되돌아온 사람은 몇몇 만나보았습니다.

죽음이라는 저 너머 세계를 넘겨본 사람들의 얘기를 들은 적이 있습니다. 그 몇 겁을 넘어서 새 생을 봤다고 했습니다. 현생 살아있을 때 행한 바가 그 다음에 오는 것입니다. 예를 들어 감자와 고구마를 심어보면 뿌리가 내리는 것을 봅니다. 아주 잘 가꾸어서 여름이 다 가면 감자는 잎이 다 시들어버리지요. 그때 뿌리를 캡니다. 왕성하고 시퍼렇던 감자의 순과 잎은 몇 달만에 다 시들어버렸지만 땅속 보이지 않는 곳에서 감자를 장만했던 것입니다. 크고 작은 것이 가득합니다.

결국 이와 마찬가지로 우리의 삶도 살고 있는 동안에 그 내부에 자기 형성을 합니다. 마치 땅속에 감자를 간직한 것처럼 그 감자의 눈을 도려서 심으면 새롭게 감자가 번식되는 것처럼, 역시 살아있는 가운데 형성됐던 자아의식이 금생이라는 푸른 감자가 시들어갈 때 다음 생을 넘어가는 준비를 하는 것입니다. 그것을 선인선과善因善果니 악인악과惡因惡果라고 합니다.

—— 어떻게 살 것인가

가끔 기억에 남아서 인용하는 것입니다마는 미국의 로스엔젤레스에 있는 한 모델 여인의 경우입니다. 미국에 에드가 케이시라는 심령의 능력을 특별히 가진 사람이 있었습니다. 그가 이 여인을 투시해본 결과, 그녀가 오늘과 같은 투명한 피부와 고운 몸매를 가질 수 있었던 직접적인 원인이 전생에 영국의 모 수도원에서 참으로 힘든 일, 남이 어려워하는 일들을 도맡아서 했고, 닦았던 것이 원인이 되었다는 얘기를 한 적이 있었습니다.

하여튼 지금 왕성하게 농사를 잘 지으면 감자가 잘 달립니다. 그렇지만 허실하게 농사를 지으면 역시 내생으로서의 금생의 가을에 가서 수확한 곡식은 쭉정이가 많아서 소득이 없는 것입니다.

악행한 사람에게 악과가 돌아오고 선행한 사람에게 선과가 돌아온다는 그런 얘기를 쉽게 합니다. 그런데 이것은 남이 심판해 주는 것이 아니라 원리인즉, 착하고 맑고 깨끗한 그런 마음으로 굳세게 생활해간 사람은 겉모습은 사라지더라도 그 마음은 맑고 깨끗하고 굳센 마음으로 형성되어 있기 때문에 그것이 새싹을 움틔워서 세상을 출발시키는 것이라고 보는 것입니다.

부처님께서는 윤회에 관한 유전문의 입장에서 "괴로움을 받기 싫거든 스스로 남에게 괴로움을 주는 행을 하지 말고 그러한 마음을 갖지 말아라. 그러한 행을 해서 그런 마음을 그 마음 가운데 간직하고 있으면 그것은 바로 네가 수확한다"고 말씀하십니다.

나쁜 일을 했든 좋은 일을 했든 그것을 한 것은 자기 자신이기 때문에 마침내 마음속에 여문 그대로를 수확하는 것입니다. 이러한 의미에서 우리들은 착한 생활을 하고 착한 마음을 기르고 덕스럽게 살아가야 합니다. 소득이 많고 적고, 남한테 칭찬받고 남한테 좋게 보이고자 하는 등등의 것과 관계없이 진실로 가식없이 그 마음속에 무엇이 형성되고 있는가가 소중한 것입니다.

불법공부와 세속생활

우리는 불법을 믿든 안 믿든 똑같은 세상에서 활동하고 일을 하면서 살고 있습니다. 그런데 불법을 믿는 사람들은 믿음과 생활을 양립해 갑니다. 말하자면 믿음과 생활이 하나로 이어지는 성공적인 믿음의 생활, 성공적인 사회 생활을 둘 다 잘 해나가는 것으로 이해하고 있습니다.

그런데 처음 불법에 입문하는 사람은 그것이 쉽지 않은 모양입니다. 그래서 불법을 믿으면 혹 일상생활에 어떤 영향을 받지 않을까? 일상생활의 어려움을 극복하고 보다 빛을 더하기 위해서 믿음을 갖는 사람도 있지만 때로는 거꾸로 믿음의 생활에 어려움이 있지 않겠는가를 물어오는 사람이 많았다고 하는 말을 들을 때 우리 불자들만큼은 이런 일에 대해서 정말 자신을 가져야겠구나 하는 생각을 했습니다.

우리들이 불법을 믿고 세속생활을 한다는 것은 불법진리가 바로 내 생명진리임을 알아서 내 생명 속에 불법진리를 실현해 가는 것입니다. 끊임없이 마음속에, 우리 생활 가운데 부처님의 믿음을 끌어들여서 그 믿음으로 부처님의 진리를 자기 마음으로 삼고 깨달아가면서 생활하는 것은 다들 아는 것입니다.

말하자면 열심히 염불해서 밝은 마음이 되고, 기쁜 마음이 되고, 깊은 마음이 되고, 부처님의 진리가 나의 현실 가운데 바로 직결되어 나의 생활을 밝게 만들고, 나의 생활을 지혜롭고 용기 있게 만들고, 굳세게 만들어 간다고 하는 것을 아는 것입니다.

염불을 하고 독경을 하고 일과정진을 열심히 하는 사람은 세상을 열심히 이겨나갈 수 있는 힘이 생기고 지혜가 생기고 용기가 생기고, 뿐만 아니라 이제까지 거슬리던 일들이 순조로워지고 대립이 없는 평화로운 관계가 되는 것들은 우리가 다들 경험하는 것입니다.

—— 일이 바로 불법이다

그것은 일심으로 불법을 배우고 염불을 수행하고 그 마음을 맑히고 그 마음을 따뜻하고 밝게 하기 때문에 그 환경이 차차 그렇게 바뀌어가는 것입니다. 이것은 우리들이 제일 잘 알고 있는 일입니다.

그런데 또 한 가지 측면, 우리들의 일 자체가 불법과 어떠한 관계가 있느냐? 우리가 사업을 한다, 자기 직장에서 직업에 종사한다 하는 사실이 우리의 믿음과 어떤 관계가 있는 것인가?

"믿음은 우리의 영원한 생명을 이어가는 진리의 세계이고, 먹고 사는 일은 육체적인 생명을 이어가는 것이다."

이렇게 구분을 하면 그것은 껍데기의 구분입니다. 내면을 살펴보면 우

리가 어떤 사업에 종사하든 어떤 일을 하든 그 일을 하고 있는 사람과 또 일이라고 하는 그 자체가 둘 다 불법과 다르지 않습니다.

"일이 바로 불법이다. 일과 불법은 다르지 않다." 이 말은 우리가 다들 생각해 보셔야 합니다. 대개 우리들은 일을 한다, 어떤 사업을 한다고 할 때 그것은 대개 생활을 위해서거나 아니면 사회적인 지위를 지키기 위해서, 때로는 가족과 더불어 생활하기 위해서, 혹은 돈을 벌기 위해서 내가 일을 한다, 사업을 한다, 이렇게 보는 측면도 있겠지만 불법에서 볼 때 일이라고 하는 것은 큰 의미가 있는 것입니다.

일을 하고 있는 사람의 재능은 바로 부처님에게서 온 것입니다. 우리들이 가지고 있는 능력, 재능은 나에게 깃든 부처님의 은혜입니다. 부처님의 신력입니다. 부처님의 은혜, 부처님의 자기 표현, 우리 생명에 깃든 부처님의 지혜와 그 자비와 그 위신력이, 우리들 가운데서 나타나는 재능이고 능력입니다. 그렇기 때문에 일을 한다, 사업을 한다, 무슨 직업에 종사한다는 그 사람의 재능이나 능력은 바로 그 하나하나가 귀한 것입니다.

—— 재능에 감사하자

그래서 부처님이 오신 것이고, 필경 그 재능이 발휘되길 바라고, 크게 남을 위해서, 이웃을 위해서, 사회를 위해서 쓰여지기를 바라는 것입니다. 그러기에 그 재능은 소중한 것입니다. 재능에 감사하고 재능을 올바로 활용하도록 노력해야겠습니다.

사람들이 가지고 있는 재능은 정말 귀한 것이고, 부처님에게서 온 것입니다. 그 재능은 많은 사람을 도울 수 있는 훌륭한 것인데, 혹 그 재능을 순수하게 보지 않는 경우가 있지 않는가? 재능을 이익에 맞춰서 남이 얼마만큼 평가해 주는가에 맞춰서 쓰고 있지 않는가? 때로 힘이 든다고 해서, 게을러서 재능을 은폐하고 때로는 타고난 재질도 개발하지 아니하고 썩히고 있지 않은가? 그렇다면 그것은 큰 허물입니다.

우리들 자신은 제각기 재능을 가지고 있습니다. 부처님에게서 온 지혜와 능력이 거기 있습니다. 그렇기 때문에 우리는 끊임없이 그 재능을 존중하고 사랑해서 올바른 길에 쓰고, 은폐함 없이 썩히지 말고 발휘해서 써야 합니다. 자신에게 이익이 되든 남에게 이익이 되든, 존중을 받든 존중을 받지 못하든, 여하간에 그 훌륭한 재능을 사랑하고 존중해 주어야 합니다.

존중해 주는 방법은 자신의 재능을 그대로 내어 쓰는 것입니다. 이유와 조건을 따지지 않고 내어 쓰는 것입니다. 이유와 조건을 따지지 않고 내어 쓸 때 복이 돌아옵니다. 우리에게 깃든 능력이다, 재능이다 하는 것은 원래 부처님의 신력, 부처님의 은혜, 부처님의 자비의 표현이기 때문에 그것은 이기적인 것이 아닙니다. 자기중심적인, 타산적인 것이 아닙니다. 우리가 가지고 있는 이 재능을 여지없이 발휘해서 이기적이거나 타산적이지 않은 방향으로 그냥 순수하게 내어 쓰면 정말 계산을 넘어선 큰 소득이 돌아옵니다.

일하는 주체자로서의 인간, 인간이 가지고 있는 재능은 이렇게 부처님께서 주신바 고귀한 선물이고, 사회를 빛내는 고귀한 힘입니다. 순수무사,

즉 사가 없는 무아적인 성격을 띠고 있는 것이기 때문에 그렇게 쓰여지길 바랍니다.

—— 직업의 본질은 도움을 주는 것

또 한 가지는 직업에 대해서입니다.

직업이라고 하는 일 자체는 그대로 세상을 위한 것입니다. 농사를 짓는 농부나 공장에서 공산품이나 기계를 만들어 내는 어떤 기능사가 무엇인가를 만들어 놓았다는 것은 바로 사회를 위한 것입니다.

그곳에서 돈을 받고 일을 했든 돈을 받지 않고 일을 했든, 일 자체는 사회에 필요한 것, 사회에 유용한 것을 만드는 것입니다. 일하는 사람이 유용한 것을 만든 것에 대한 대가를 받는다 혹은 이윤을 붙인다, 보수를 받는다, 보너스를 받는다 하는 이런 모든 것들은 사회에 필요한 물건을 끊임없이 지속적으로 보다 많이 공급하고 생산하기 위해서 필요한 것들입니다. 필요한 경비입니다.

그렇기 때문에 직업이나 사업을 통해서 생산한다는 것은 원래 세상을 위한 것이고 사람에게 도움을 주는 것입니다. 자기가 먹고 살기 위해서, 자기가 돈 벌기 위해서, 자기 회사만 치부하기 위해서 일한다고 하는 것은 비뚤어진 견해입니다. 본래 어떤 생산이고 어떤 직업이든 그것은 훌륭하게 사회에 기여하는 것이고 봉사하는 것입니다.

이렇게 보면 무슨 일이든지 신성한 것입니다. 우리의 타고난 재능이 부

처님에게서 온 것처럼 우리 사회에서 행해지고 있는 사업은 모두가 보살도입니다. 이웃을, 세상 사람들을 이롭게 하고 도와주기 위해서 있는 것입니다.

인간이 이 세상에서 살아가려면 많은 물자가 필요합니다. 개인적으로 먹고 사는 것으로부터 시작해서 이 세상 사회구조를 유지하기 위해서, 혹은 그러한 것을 지탱하기 위한 간접적인 사회시설까지 합해서 사회구조가 서로 밀어가면서 서로 도와가면서 이렇게 돌아가는 것입니다.

예를 들면 어느 의약품을 생산하는 공장이 잘못 되어서 생산이 정지되었다거나 어느 지역이 흉년이 들었다거나 해서 그 생산품이 나오지 않으면 그것으로 인해서 사회는 그만큼 공백이 생기는 것입니다. 이렇게 생각해 보면 우리에게 필요한 모든 산업들, 이것 모두가 불법佛法이라고 하는 것은 틀림없는 사실입니다.

농사지어서 세상 사람 먹여 살리는 것, 공장에서 무언가를 만드는 것 역시 세상이 필요로 하는 것을 만드는 일인데 우리는 그 일을 함으로써 대가를 받습니다. 이렇게 해서 사회에 봉사하는 것이 직업이고 사업입니다. 본질이 그런 것입니다. 그럼에도 불구하고 사회에 봉사하고 기여한다는 측면은 생각하지 않고 "저 사람은 제 돈만 벌려고 하는 것이다" 하고 사업에 열중하는 사람들을 과소평가하는 것은 잘못된 것입니다.

알고 보면 중생을 위하고 이 사회를 위해서 보살도를 실천하는 훌륭한 일을 하고 있으면서도 세상이야 어떻든지 다만 돈만 벌면 된다 하고 돈벌기

위해서 사업을 한다, 돈벌기 위해서 일을 한다, 돈벌기 위해서 직장에 나간다, 돈을 위해서 제 몸뚱이를 판다는 등 자기를 비하시키고 자기 사업을 값없는 것으로 만듭니다.

—— 멸사봉공滅私奉公 무아헌신無我獻身

그런데 사업은 원래 값없는 것이 아니고 우리의 일 하나하나도 그렇게 값없는 일이 아니라는 것을 분명히 알아야 합니다. 여기서 우리가 생각해둘 것은 멸사봉공滅私奉公이라는 말이 있듯이 우리의 직업, 우리의 사업이 신성한 까닭에 그 사업을 위해 순수하게 자기를 바칠 때 사업이 번창하고 그 직업에 능률이 오릅니다. 무아의 헌신을 할수록 내가 매몰되어서 죽는 것이 아니라 그 사업이 잘 되는 것입니다. 이렇게 사업이 잘 되면 세상이 잘 되고 동시에 자기도 잘 됩니다.

자신의 이익을 따지지 않더라도, 보수 대가를 따지지 않더라도 눈 딱 감고 열심히 일을 하고 열심히 봉사하고 직업이 갖는 본질적인 측면을 강하게 생각하고 그렇게 밀고 나가면 저절로 그 가운데서 성장하는 것입니다. 진리를 쓰면 진리의 공덕이 그 사람에게 반드시 돌아옵니다. 그러기에 우리들 각자가 가지고 있는 재능을 충분히 잘 발휘해야 합니다. 부처님이 주신 재능을 썩히지 말고 게으르지 말고 놀리지 말고 써야 합니다.

돈받기를 바라거나 인정받기를 바라거나 일정한 대우를 바라거나 하지 말고 재능 자체는 그 자체로서 순수한 것이고 고귀한 것이기 때문에 그것을

사랑하고 존중해야 합니다.

재능을 사랑하고 존중하는 방법은 열심히 일을 하고, 남을 위해서 부지런히 쓰고, 조건없이 쓰는 것입니다. 이렇게 자신의 재능과 능력을 발휘하면 자기가 성장하고 사회가 성장합니다. 직업도 마찬가지입니다. 직업을 통해 우리는 사회에 봉사하는 것이고, 또 이것은 사회를 위한 것이기 때문에 열심히 일하면 할수록 그 직업이 번창하고 그 사업이 번창하고 저절로 자기에 대한 이윤이 동시에 함께 있는 것입니다.

불법을 믿어서 불법의 무한능력을 나의 생명 가운데 이어서 내 운명이 밝아지고 내 능력이 향상되는 측면, 직업에 종사한다는 것은 아주 훌륭한 불사佛事입니다.

—— 무아의 본분을 다하자

『금강경』 제23분에 보면 "청정한 마음으로 착한 일을 행하라" 하는 대목이 있습니다. "아상我相 인상人相 중생상衆生相 수자상壽者相 없이 일체 선법을 닦으라. 그러면 곧 아뇩다라삼먁삼보리를 얻으리라."

본래 일체 선법善法에는 사상四相이 없습니다. 좋은 일, 착한 일을 내가 했다고 하는 생각이나 남을 대하는 관념이나 중생에 대한 일반적인 관념이나 그것에 대한 가치나 초월감 같은 것이 없는 것이 일체행인데, 이 선법이라고 하는 것은 세간의 일체 직업, 일체 사업을 가리키는 말입니다.

세간의 일체 직업, 일체 사업은 이렇게 훌륭한 것입니다. 다만 사상四相

을 붙여서 집착을 하고 타산을 해서 자기가 잘한다든지 못한다든지 하는 관념을 붙여서 하기 때문에 그렇지 그것만 없으면 일체법이 다 아뇩다라삼먁삼보리를 얻는 것입니다. 세간의 일체 선법을 닦는 것이 바로 아뇩다라삼먁삼보리, 무상정각을 깨쳐 들어가는 것을 성취하는 길입니다.

그러나 도둑질과 같이 남을 해롭게 하는 것은 직업이 될 수 없고 일이 될 수 없습니다. 그것 빼놓고는 이 세상에 있는 일은 남을 도와 주는 것뿐입니다. 본질이 도와 주는 것입니다. 그렇기 때문에 우리들이 세간에서 하고 있는 일을 열심히 하고 무아無我의 본분을 다해 나갈 때 내가 성장하고 우리의 이웃들이 성장하고 사회가 성장하는 것입니다. 이렇게 자신의 재능을 사랑하고 무아의 봉사를 할 때에 저절로 자기 활로가 열리는 것을 알고 우리 불자들이 자신감을 가졌으면 좋겠습니다.

❚ 마음이 일체를 이룬다 ❚

　　우리 인간세계에는 인과법칙이라는 것이 있습니다. 원인을 지었으면 그에 따라 결과가 나타난다고 하는 자연법칙도 있습니다. 그러나 우리들의 생활에 깊은 영향을 주는 것은 물질세계에 있는 물리적 인과관계보다도 마음에 있는 원인이 물질계나 현상계에 결과로 나타나는 인과관계입니다.

　　즉 마음에서 생각하는 것이 현상세계에 결과로 나타나는 것입니다. 우리들이 인생에서 어떤 생활을 보낼 것인가. 행복하게 살 것인가, 비참한 생활을 할 것인가? 그 갈림길의 원인은 밖에 있는 것이 아니고 안에 있습니다.

　　즉 우리가 항상 무엇을 생각하고 있는가. 평소에 또는 하루 동안에 무슨 생각을 하면서 많은 시간을 보냈는가에 따라 결정되는 것입니다. 인간의 운명은 우리들이 항상 무엇을 보다 많이 생각하고 있는가에 따라 결정된다는 말입니다.

　　현상세계는 우리 마음에 있는 것이 이루어지는 세계입니다. 그러나 현상세계뿐 아니라 온 세계 모두가 그대로 마음입니다.

　　"삼계유일심三界唯一心, 삼계나 욕계나 색계나 무색계나 인간세계나 천

상세계나 아수라 세계나 일체 귀신 세계나 어떤 세계나 그것은 오직 한마음이다."

현상은 여러 가지 모양을 가지고 이질적인 것으로 나타나 보이더라도 그것은 오직 한마음이며 삼계는 오직 일심입니다.

"심외무별법心外無別法, 마음 밖에 별다른 법이 없다. 오직 일심뿐이다."

"심불급중생心佛及衆生, 마음과 부처님과 그리고 중생 모두가 시삼무차별是三無差別이라. 이 셋이 다 차별이 없느니라."

이것은 『화엄경』의 말씀이지요. 그러니까 이 말씀과 같이 중생 차별이 있고, 세간 차별이 있고, 여러 가지 차별이 있어도 필경은 일심입니다.

—— 마음에 상응하는 세계

그렇기 때문에 우리 주변에 일어나는 일들도 그 마음에 따라서 환경이 변화를 일으키고 환경이 이루어지는 것입니다. 우리 인간이 인간으로서 인간세계에 태어났다고 하는 것도 마찬가지입니다. 원래 우리가 인간으로서 인간복을 입고, 인간세계에 태어날 수 있는 그러한 원인이 내재해 있기 때문에 이런 세계를 나타낸 것입니다. 인간보다 마음이 맑고, 안정되고, 착하고 아름다운 마음이 차 있었으면 아마 인간세계에 오지 않았을 것입니다. 그 마음에 상응하는 세계, 천상에 나타나서 천상계 사람으로서 천상옷을 입고 천상인의 모습을 갖추고 생활하게 되었을 것입니다.

또 인간 이하의 거친 생각, 나쁜 생각, 어두운 생각을 가지고 살면 그런

마음에 상응하는 나쁜 세계, 어두운 세계, 불행의 세계, 거친 중생세계를 찾아갈 것입니다. 그러니까 근본은 바깥의 세계에 있는 것이 아니라 내 안에 있는 마음에 따라서 인간에 태어나든, 천상에 태어나든, 악도에 태어나든 그 모두가 마음에 따라서 결정되는 것입니다.

원래 타고나기를 마음이 근본이었지만 같은 인간으로 태어났으면서도 인간세계에 일어나는 변화라든가 조건 변화라고 하는 모두가 자기 마음 쓰기에 달려 있는 것입니다. 마음 씀씀이에 따라서 자기 환경이 달라지고 자기 가족이 달라지고 자기 집안에서 하던 일들이 변화가 생기는 것입니다.

—— 마음이 일체를 이룬다

일체유심조라는 말도 여기에서 오는 겁니다. 마음의 핵심이 흔들림이 없는 깊은 삼매 속에 머무는 사람이라면 어떠한 차별세계에도 동요되지 않는 안정을 얻을 수 있을 것이고, 또 그러한 깊은 삼매 속에 안정되어 있으면 차별세계에 있는 모든 다른 중생세계까지도 알 수 있는 것입니다. 마치 나무 뿌리에 앉아서 보면 그 나무 밑둥치, 나뭇가지, 꽃, 이파리 전부를 다 볼 수 있는 것과 마찬가지입니다.

마음이 흔들림이 없는 깊은 선정에 들면 마음의 변화에 따라서 생기고 있는 인간세계, 천상세계, 그 세계를 다 알 수 있다는 말도 당연히 나올 수 있지요.

그렇기 때문에 옛 스님들 말씀이나 옛 도인들 생활을 보면 방에 앉아 삼

매에 들어서 천상세계에 갔다 왔다든가, 세간 인연을 관했다든가 하는 얘기가 나옵니다. 그것은 바깥에 매이지 아니하고 안으로 거두어서 자신의 마음 속 깊이 안정되었을 때, 세계의 차별을 볼 수 있는 것이지요.

자기 일신에 대한 것 역시 자기 마음에 달려 있습니다. 자기 마음에 따라서 자기 몸을 부지런한 사람으로 만들 것인가, 게으른 사람으로 만들 것인가, 노력형으로 만들 것인가, 나태형으로 만들 것인가, 아니면 더욱 정진을 해서 빛나는 성과를 내는 그런 능력있는 사람으로 만들 것인가, 그렇지 못할 것인가 하는 것도 전부 자기 마음을 잡아서 어떻게 쓰느냐에 따라서 이루어지는 것입니다.

그러나 자기 몸은 그렇다고 치고 우리들 역시 깊은 인연 가운데서 같은 마음을 쓰고 살고 있습니다. 가족들이 각각 다른 마음을 쓰고 사는 것 같아도 가족들은 가족대로 공통의 세계를 가고 있습니다.

또 우리 이웃도 각각 남으로서 다른 마음을 가지고 사는 것 같아도 그 깊은 데 가서는 통해 있기 때문에 함께 살고 있습니다. 그렇기 때문에 나라는 것은 나 혼자의 마음을 가지고 움직이기도 하지만 대개의 경우는 우리 가족과 함께 공동으로 마음을 쓰고, 우리 사회와 더불어 공동의 마음을 쓰고, 시대 사람과 더불어 공동으로 마음을 쓰며 살아갑니다.

그리고 때로는 같은 사상의 물결에 휘말린다든가, 같은 공포의식에 몰린다든가, 같은 거칠고 나쁜 생각에 몰린다든가 하기도 합니다. 그런 것들은 전부 시대의식 가운데 말려들어 공포의 세계를 형성하는 것입니다.

가족문제의 경우, 어린아이들의 잔병 같은 것을 종종 의논해 올 때 저는 대개 부모님이 안정되어 있는가를 먼저 생각합니다. 어린 가족일수록, 대개 13~14세 이전의 아이들이라면 더욱 부모의 영향을 많이 받습니다. 그래서 부모가 화목하고 따뜻하고 그래서 거침이 없는 한마음이 되어 있는 그런 부모의 아이들은 이유없는 잔병이나 그러한 변화가 비교적 적습니다. 있다가도 그 영향을 입어서 저절로 안정되는 것입니다.

늦도록 오줌을 못 가려서 걱정하는 얘기를 해 올 때면 "거기에는 어머니와 관계가 있다"고 얘기합니다. 어머니 마음 가운데 말하지 못할 슬픔을 혼자 간직하고 있어서 바로 아이에게 영향이 간 것입니다. 아기가 늦도록 오줌을 못 가린다고 야단치고 볼기를 칠 것이 아니라 어머니의 마음을 보다 맑히고 근심스러움, 슬픔, 그늘에서 눈물짓고 있는 그런 원인을 제거해 버리는 것이 치료법이라고 종종 얘기해 드리고 있습니다. 실제로 그렇게 해서 치유되는 예가 있었습니다. 왜냐하면 부모와 자손 사이는 본래 한마음이기 때문입니다.

대개 여러분들도 집안의 어른이 되고 중심이 되고 집안에 들어가면 아마 부처님 노릇할 위치가 될 것입니다. 항상 자녀들을 위해서 기도하시고, 집안의 여러 가족을 위해서 기도하시고, 집안의 사업이나 모든 일에 대해서 항상 관심을 가지면서 함께 부처님 앞에 바르게 성장하기를 기원하고 계신 것으로 알고 있습니다.

그런데 사실 그러한 어머니의 존재는 참으로 중요합니다. 그 집안을 지켜주고 그 집안의 가족들을 안전하게 키워가는 중심이 됩니다. 집안의 부처님들이 모두가 참 부처님 마음이 되어서 부처님의 광명이, 부처님의 위신력이, 부처님의 위덕이 우리 집안에 넘쳐나도록 항상 이끌어 주시는 분이 되시리라 생각합니다.

한 가족이 한마음인데, 한마음 가운데서 어머니와 자손 관계는 가장 가까운 인연관계에 있습니다. 그 가운데서도 어머니가 부처님과 같은 깊은 마음, 큰 마음에 가까워질수록 그 가족들에게는 더욱 덕스런 일이 나타나게 되는 것입니다.

사실 마음이 삼계입니다. 천상이고 인간이고 지옥이고 귀신세계고 다 근본은 마음 하나인 것입니다. 마음 바뀜에 따라서 천지가 바뀝니다. 우리가 마음 쓰는 것으로 인해서 여러 가지 변화가 오는 것입니다.

반야의 눈으로 보는 세상

오늘날 발달된 문명은 우리의 고귀한 성품을 발견하고 긍정하고 키우기보다는 인간 한 사람 한 사람을 그대로 육체의 덩어리로, 물질의 변화로, 환경의 종속물로 몰아넣고 있습니다.

우리가 고깃덩어리이고 물질의 변형이고 환경의 종속물이라고 한다면 여기에 무슨 인간의 가치가 있고 존엄이 있겠습니까? 인간의 신성이란 무엇입니까? 도대체 무엇이, 누가, 인간이, 물질이, 환경이, 아니면 조건들이 만들어진 것이라고 말합니까? 나는 이 생각을 하면 톨스토이의 『참회록』 한 구절이 생각납니다. 그가 죽으려 할 때 죽으려는 그 순간 마음을 돌이킨 것을 생각합니다.

"누구든 죽지 않으면 안 된다. 그런데 죽어야 한다는 판단을 누가 내리느냐?"

바로 톨스토이는 자기에게 반문하고 있습니다.

"죽어야 한다는 판단, 나의 지성이 나의 감성이 파악한바, 나의 지성이 결국 이렇게 죽어야 한다는 판단을 내리지 않느냐. 나의 감성이 판단하는가.

나의 지성이 판단하는가. 나의 지성, 감정은 뭐하는 놈이냐. 나의 생명의 앞선 자냐. 종속자가 아니냐. 종속자 종놈이 나를 죽으라고 어떻게 판단하느냐. 여기서 권능을 포기할 것인가."

—— 존경받아야 할 인간의 신성

역시 마찬가지입니다. 오늘날 우리 주변에도 우리 생활이, 문명이, 기술 문명의 발달이 우리의 신성과 존엄을 키워 주기 보다는 인간 자체를 물질과 환경의 종속물로 만들어 버리고, 인간은 바로 물질의 연장이다, 아니 육체의 덩어리다, 이렇게 만들어 버리는 판단으로 떨어져 버렸습니다.

이러한 퇴폐적 사상이 물결치고 있기 때문에 우리의 심성은 더욱더 오염되고 있습니다. 우리의 눈도 우리의 지식도 우리의 판단도 거기서 벗어나지 못해요. 고귀한 생명의 시간을 마치고 고귀한 재물을 바치고 배웠어도 모두 그렇습니다.

만약 우리가 배운 지식들이 인간의 소중한 참된 생명의 길을 열어 주는 것이라면, 역사가 흘러가고 많은 지식이 발달되고 많은 사람들이 노력해서 과학 문명이 발달됐으면, 인간의 덕성이 높아지고 그만큼 옛날 사람들보다 아름다워졌어야 할 것입니다.

그런데 과연 우리의 생명, 오늘날 모든 사람들의 마음속에 그 덕성이 옛날 사람들보다 더 아름다워졌느냐 할 때 아무도 그렇다고 대답할 자신이 없을 것입니다. 오히려 옛날 사람이 세련됐다고 하고 요즘 사람들은 그렇지 못

하다고 할 것입니다. 왜 그렇습니까? 그것은 우리가 가지고 있는 이 지성이, 참으로 인간 생명을 위해 봉사해야 할 지성이 생명을 분산하고 생명을 쪼개 내고 생명을 자기 자신과 동격으로 끌어내림으로써 마침내는 그 도구로 만들어 버리기 때문입니다.

오늘날 과학문명이 인간 사회를 완전히 기계화하고, 기계화의 판단에 의해서 인간을 종속화하는 문제는 오래 전부터 제기되고 있습니다. 그래서 인간이 그러한 것에서부터 탈피하고자 하는, 기계문명으로부터 벗어나고자 하는 새로운 문명 비판이 일어나고 있습니다. 이와는 차원은 좀 다르지만 미국의 젊은이들 중에서 문명파괴사상까지 일어나고 있다는 사실을 얼마 전에 들었습니다.

그런데 우리는 눈을 좀 다른 데 두어야 할 것입니다. 반야의 눈으로 비춰 볼 때 우리의 생명 하나하나, 이 하나하나는 무엇인가? 우리의 육체 덩어리 하나하나가 무엇인가 하는 것입니다.

우리를 둘러싸고 있는 하나하나가 무엇인가? 반야의 눈이 열리기 전에는, 반야의 문이 열리기 전에는 바로 우리를 둘러싸고 있는 모든 조건들은 나를 제약하고 관장하고 제한하는 것입니다. 산은 나의 앞을 막는 것이고 바다는 그리운 사람과 사이를 끊어 놓습니다. 시간은 노쇠라는 것을 만들어 냅니다.

우리 주변의 모든 것이 이러하지만, 반야의 눈을 뜨고 보면 그런 물질적인 것, 감각적인 것, 제한적인 것, 이러한 것들은 우리의 감정이 만들어 낸 것입니다. 허망한 지견이 본 것입니다.

이런 점에서 반야의 눈으로 볼 때 우리 한 사람 한 사람은 사실 고귀한 부처님의 공덕이 그 안에 충만되어 있습니다. 나의 생명 가운데 악하고 못나고 이런 것만 가지고 있는 것 같아도 내 생명에는 따뜻한 자비심이 깃들어 있고, 내 마음속에는 모두를 사랑해서 행복하게 살기를 원하고 있고, 내 생명은 건강한 것을 바라고 있고, 내 생명은 아름다운 평화를 추구합니다. 내 생명은 구석구석 원하지 않아도 내 마음과 내 몸에 건강과 조화를 요구합니다.

이 모두가 무엇입니까? 내 육체는 항상 말하다시피 이런 진리의 광명이 깃들어 있어서 내 생명을 자동적으로 조정하고 있습니다. 심층에 무의식세계가 또한 그와 같이 나의 생명을 조절시켜 주고, 그 무의식세계의 조율세계가 모든 심정에 이르러서 또한 그와 같이 자기 조율을 하고, 이렇게 함으로써 나의 건강과 안정과 지속적인 생명의 지속 연장을 추구해 갑니다.

내 몸뚱이뿐만 아니라 나를 둘러싸고 있는 온 세계가 반야의 눈을 뜨고 보면 진진찰찰 화엄세상입니다. 그야말로 티끌 하나하나마다 무한한 장엄이 가득한 청정국토입니다. 반야의 눈이 없는 세계에서 보면 우리를 한계 짓고 속박하고 죄에 떨어뜨리고 금방금방 죽어가는 죽음을 지향하는 인간이지만, 반야의 눈으로 볼 때는 한 사람 한 사람이 모두 고귀하고 부처님의 은

혜에 이를 수 있는 진리의 위력이 꽉 차 있는 것입니다.

내가 그렇고 나의 사회가 그렇고 국토가 그렇습니다. 반야의 눈이 있는 사람이 비로소 이것을 보고 반야의 눈, 그 마음의 눈을 가진 사람이 그것을 봅니다.

—— 인생은 아름다워라

오늘 우리 형제들을 이렇게 볼 때 생각하고 보고 느끼는 것이 다릅니다. 무엇이 다른가? 경사스럽고 다행스럽다는 것입니다. 내가 여기 온 것이 경사스럽고, 내가 이러한 생각을 할 수 있는 것이 경사스럽고, 내가 여기 앉아 있는데 서로 다정하게 대해 주는 것이 경사스럽고, 온 천지가 모두 경사스럽고 다행스러운 것입니다.

반야의 눈이 그렇게 봅니다. 반야 아닌 눈으로 보는 세상은 불행하고 고통스럽고 나를 시기하는 사람뿐이고, 나를 못 살게 뒹구는 것으로 보기 쉽고, 불평불만, 마침내 죽음을 향해 끊임없이 달려가는 고통이 충만한 악의 세계입니다. 반야의 눈으로 보이는 그것이 아닙니다.

나의 생명, 내가 살고 있는 이 하나하나, 뼈가 이렇게 되어 있고, 거기 살이 붙어 있고, 거기 심줄이 붙어 있고, 이렇게 생각하는 대로 말을 할 수 있고, 이것 하나하나가 진리 자체의 완전한 표현입니다.

얼마 전에 책을 들고 앉으려니 허리가 뜨끔했습니다. 허리가 뜨끔하니까 허리가 꺾어지는 것처럼 앞으로 팍 거꾸러져 버렸어요. 그리고 며칠 후에

차디찬 데 가서 회의한다고 대여섯 시간 앉아 있었더니 못 일어났어요. 지팡이 두 개를 짚고도 못 일어나서 어떻게 근근이 끌려 차에 실려 왔습니다. 그런데 지금 허리가 꼿꼿하게 이렇게 앉아 있으니 이 자체가 얼마나 경사스럽고 다행스러운 것입니까.

내가 앉아 있는 것, 내가 걸어가는 것, 내가 저기까지 움직이는 것 등등, 우리는 이것을 자연스럽고 당연한 일처럼 생각하지만 하나하나가 무한한 은혜와 한없이 경사스럽고 다행스러운 것이 가득 차 있는 것입니다.

—— 은혜와 경사로 충만한 인생

이 경사스럽고 다행스러운 것이 바로 나의 생명, 나의 생활, 나의 모두로 꽉 차 있지만 반야의 눈이 없인 그것을 보지 못합니다. 전부 해치는 것이고 나를 죽이려 하고 못살게 구는 것이고 불행스러운 것으로만 보여진단 말입니다.

지금 내가 밖으로 나가서 내 신발을 찾아 신고 한 걸음 옮겨가는 그 사이에도 신발을 못 찾을 수도 있고, 신고 일어서다가 주저앉을 수도 있고, 한 걸음 걷다가 얼음판에 미끄러질 수도 있고, 남들과 부딪칠 수도 있습니다. 제가 아는 어떤 사람은 아침에 일어나 '날씨가 춥다' 하고 밖으로 나오다 말고 서 있더니 그냥 확 쓰러져 버렸어요. 그리고 그대로 인생을 마감했습니다.

지금 당장 걸어가는 이 순간에도 끝없는 은혜와 위신력이 충만한 인생이건만 반야의 눈이 없는 사람들은 불행을 보는 것입니다. 고통을 보고 대립

을 보고 미움을 봅니다. 다행스럽다 경사스럽다기보다도 불안하다, 고통스럽다, 밉다 등등 가시덤불 같은 것이 꽉 차 있습니다. 우리의 본래 생명은 죽지 않으려고, 오래 살려고 어떻게 하든 안에서 자율적으로 무한공덕이 조정되어 있건만 생각은 그러지 못합니다.

행복

이 세상에서 가장 행복한 사람은 자기 마음속에서 항상 밝은 생각을 갖는 사람이다.

명랑한 사람, 자비로운 사람, 다른 사람을 칭찬하고 축복하는 사람,

그리고 마음이 평화하고 조화를 이룬 사람, 건강 · 행복 · 풍요 등

좋은 생각만을 가지고 끊임없이 노력하는 이런 사람이 행복한 사람이다.

왜냐하면 그러한 마음자세가 아름답고 행복한 목표를 하나하나 실현해 가기 때문이다.

행복은 어디에서 오는가

예전에 제가 병원신세를 자주 져서 입원해 있을 때 일입니다. 병원에 있으면 많은 환자들을 보게 됩니다. 저처럼 성질을 잘못 쓰고 마음을 잘못 써서 병난 것은 예외로 하더라도 술 먹고 들이받고, 주먹으로 치고, 싸우고 해서 들어옵니다.

그런데 정작 자신은 조금 다쳤지만 육체적인 생명, 그 자체에서는 그것을 고치려고, 치료를 빨리 하려고 끊임없는 노력을 스스로 합니다. 저도 위를 자르고 창자를 잘라내고 몸에 여러 가지 부속을 빼냈는데 빼내면서 가만히 내 속을 들여다보면 안에서 자율적으로 돌아가려고 온갖 노력을 다하는 것이 빤히 보여요. 창자를 두 번째 자를 때였던 것 같습니다. 잘라낸 후 내 몸속을 관찰해 보니까 장 하나하나가 움직이는 것이 보이는 것 같았어요. 내가 의식해서 그러는 것이 아닙니다. 내가 잘못해서 병이 나서 잘라내도 그 놈은 남은 것 가지고 살려고 노력을 하더라는 것입니다. 원래 우리가 그릇된 지경이 되어서 불행과 미움으로 차 있는 것이지, 내 몸 하나 병든 몸이지만 행복하고 다행스러움이 꽉 차 있다는 말입니다.

혹 바른손을 움직일 수 없다고 하더라도 왼손을 움직일 수 있는 행복, 이것은 대단한 것입니다. 육백만 불을 준다고 하더라도 어림없습니다. 육백만 불 준다고 이것 떼어줍니까? 실로 우리들은 내 생명 구석구석에 이렇게 끝없는 경사스럽고 다행스러운 것이 충만해 있는 것을 반야의 눈으로 봐야 합니다.

그뿐만이 아니에요. 나의 몸만 그런 것이 아닙니다. 나의 가족이 있다는 것이 얼마나 행복합니까. 부모님이 계시고, 형제가 있고, 아내가 있고, 또 남편이 있고, 혹은 다른 모든 주변 사람들이 있고, 친구가 있다는 것이 얼마나 다행스럽습니까. 주위에 있는 사람들이 생존경쟁에 있어서 나의 적인지는 몰라도 그것은 그렇게 보아서 그런 것입니다. 그와 나는 협동해서 살고 있습니다. 내가 미움으로 대하고 적으로 대할 때 그는 나와 더불어 적이 되고 미움이 됩니다.

—— 찬탄은 하면 할수록 좋다

이처럼 일상생활 가운데에서도 참으로 찬탄할 수 있는 상황은 한이 없습니다. 그래서 찬탄은 많이 하면 할수록 그 집안이 밝습니다. 찬탄의 숫자가 적으면 적을수록 그 집안이 어둡습니다. 서로 칭찬하고 찬탄하고 잘한다는 말이 많으면 많을수록 그 집안은 잘 되는 집안이고, 잘못 한다고 잔소리가 많고 따지는 것이 많고 복잡한 심판 판결이 많은 집안일수록 그 집안은 사고 가정입니다.

사고 가정이 사고를 면하려면 끊임없이 찬탄을 발견해야 합니다. 남편이 술 먹고 집에 들어오더라도 늦었는데 잘 찾아오셨다고 반갑게 맞이하고, 코가 빠졌다 오시지 않아 좋다고 하십시오. 화만 내고 문도 안 열어주고 어떤 식으로든 처벌하려고 하는 것보다 백 번 나을 것입니다. 어떤 경우에도 찬탄은 그 집에 환희의 감정을 가져옵니다. 거기에 이유가 있든 없든 상관없어요. 왜 그러냐? 진리, 마하반야바라밀 진리, 생명 바닥에 부르고 있는 진리, 우주에, 이 국토에, 이 환경 가운데 가지고 있는 이 진리는 찬탄밖에 다른 것이 없어요.

밝음 앞에는 밝은 것밖에 없다는 말과 같이 찬탄해야 할 것밖에 다른 것이 없어요. 그러니까 찬탄하는 것은 그것을 긍정하는 것이기 때문에 긍정한 진리가 우리 생활 가운데 나타납니다. 그러나 어떤 이유를 따져서 나쁘다고 비판하고, 증오에 찬 나쁜 말로 대립해서 따진다고 해서 생활환경이 좋아지느냐 하면 그렇지 않습니다. 따지는 것이 많으면 많을수록 환경은 더욱더 거칠어지는 것입니다.

—— 찬탄은 감사를 부른다

얼마 전, 어떤 분이 찾아왔습니다. 그분은 결혼해서 석 달 동안 남편을 길들인다고 단단히 벼르고 잔소리를 퍼부었다고 합니다.

그러나 처음에는 그것이 좋았을지 모르지만 거기에는 새로운 공허가 생깁니다. 빈틈이 생깁니다. 무슨 빈틈인가? 남자들은 나이가 들어도 어린아

이처럼 아내에게 의지하고 싶은 심정이 있습니다. 밖에서는 큰소리도 치고, 싸우기도 하고, 속으로는 아무것도 없으면서도 헛위세를 부리지만 일단 집에 들어오면 이것저것 체면 다 놓아버리고 탁 풀어집니다. 집에 들어와서는 마음놓고 쉬며, 자신의 속을 털어놓기를 원합니다.

그러나 길들이려고 하는 엄처시하에서는 그 빈 구멍을 무엇으로 채우느냐 그거예요. 채우기 위해서는 딴 버릇이 나오는 것입니다. 집에 가는 것이 싫어지고 술을 한잔 두잔 마시며 집에 늦게 들어가게 됩니다. 그러다 보면 온갖 사고가 벌어져요.

가정생활이나 개인관계나 직장관계나 사회나 어디나 비판하고 따져서는 평화가 오지 않습니다. 평화도, 건설도, 힘의 융합도 오지 않습니다. 분열과 투쟁밖에 없습니다. 그 거친 가슴에서 무엇이 나옵니까.

왜 부드럽고 따뜻하고 모두와 더불어 함께 가고자 하는 그 고귀한 생명을, 그 생명을 못 키워 주느냐 말이에요. 당신의 생명에 깊이 깃들어 있는 진리와 광명을, 부처님의 완벽한 예술품과 같은 그 완전덕상을 당신이 가지고 있고, 그것을 보고 인정하고 찬탄하고 칭찬해 주는 한 해가 되었으면 합니다. 내 남편이 있으면 남편에게 그렇게 해요. 아내가 있으면 아내에게, 형제에게, 이웃에게, 친구에게 칭찬하고 그렇게 따뜻한 말로 위해 주십시오.

비판? 그분을 키워 주기 위해서, 그분을 진정으로 사랑하기 때문에, 그분을 아끼기 위해서 일러주는 말은 비판이 아닙니다. 충고도 어떤 때는 거슬릴 때가 있습니다. 그 자세가 오만하거나 참으로 상대방을 아끼고 있다는 느

낌이 들지 않을 때, 아무리 이로운 말이라도 듣기 싫은 것입니다. 참된 충고는 참으로 그분을 사랑하고 존경하고 아끼는 마음에서 찬탄의 눈으로 시작하는 것입니다.

찬탄은 무엇을 가져오느냐? 감사를 가져옵니다. 찬탄이 바로 진리의 긍정인 까닭에 내 생명과 내 환경 가운데 진리가 가득 옵니다. 올해의 기도는 반드시 찬탄이라는 토대 위에서 기도를 성취하자고 해서 올해를 찬탄의 해로 명명했습니다.

"우리는 찬탄합니다. 나의 생명 나의 가족 우리 사회의 한량없는 부처님 공덕이 충만한 것을 찬탄합니다. 우리는 말과 뜻과 온갖 정성 기울여서 부처님과 가족과 온 이웃과 자랑스러운 환경을 찬탄합니다. 우리는 찬탄의 공덕으로 아름다운 소망과 빛나는 환경을 이끌어 나아갑니다."

사람을 보든 꽃을 보든 새를 보든 흘러가는 물을 보든 무엇이든 내 마음을 찬탄하는 기쁨으로 채울 때 내 공덕이 결실됩니다. 어떠한 이유에서든 비판과 부정, 증오, 대립, 갈등 환경을 자기 가슴에 품고 있을 때 불행한 인간이 될 수밖에 없습니다. 부디 이 한 해가 우리 한 사람 한 사람의 소망을 진리 위에서 꼭 성취시키고, 우리의 소망 하나하나가 국토를 풍요롭게 만들고, 편안하게 만들고, 나라와 사회를 위해서 기도의 기초자세도 찬탄하고 결코 불평불만 없는 찬탄 칭찬을 제일로 삼아서 추구해 가자는 말씀을 드립니다.

반야바라밀 염송법

며칠 전에 어느 거사님이 찾아오셨습니다. 저한테 "바라밀 염송을 하는데 바라밀관을 할 때는 어떻게 합니까?" 하고 물어왔습니다.

반야바라밀을 입으로 부르고 생각으로 염합니다. 반야바라밀을 입으로 부르는 것은 송頌이고 생각으로 염하는 것은 염念입니다. 염하는 것을 보는 것을 관觀이라 합니다. 염하는 것을 염하는 것, 염하는 것을 관하는 이것이 반야바라밀관입니다.

즉 소리를 내서 마하반야바라밀, 마하반야바라밀 하면 바라밀송이 되고, 거기에 염·생각이 함께 있으면 염송이 되고, 염송을 하면서 염송하는 그 자리를 항상 비춰 보면 그것이 바라밀관이 되는 것입니다. 바라밀관 할 때는 소리도 내지 않고, 생각도 움직이지 않고, 반야바라밀 생각 일으킨 그 자리만 끊임없이 지켜보면서 반야바라밀을 보는 것입니다. 그러니까 반야바라밀관 하는 사람은 반야바라밀을 자기 마음속에서 끊임없이 지켜보고 소리내는 것도 아니고, 입을 움직이는 것도 아니고, 염이 염하는 것을 보기 때문에 염하는 것도 끊어진 그러한 상태가 반야바라밀관입니다.

이것을 구도정진 때, 아니면 각자 집이나 차 안, 어디든지 시간 있는 자리에서 하시리라 믿습니다마는, 특별히 물어와서 이에 대한 설명을 드렸습니다.

반야바라밀은 온 몸으로 하는 것입니다. 입으로 외우고, 생각으로 외우고, 생각을 생각하는 그 생각하는 물건 가지고 반야바라밀을 관하고, 이렇게 함으로써 바로 내 생명의 율동, 내 생명의 환희, 내 생명의 움직임, 이것이 바로 반야바라밀입니다.

그런데 이것이 잘 되는 사람이 있고 잘 안 되는 사람이 있습니다. 마하반야바라밀을 입으로 부르는데도 생각은 딴 생각이 올 때가 있고, 또 생각을 하면서도 어느덧 딴 생각이 끼어들어와 생각이 지속되지 않는 경우가 있습니다. 제가 형제들에게 권하고 싶은 것이 있습니다.

—— 호흡법

전에 함께 공부할 때에 여러 차례 말씀드렸던 호흡법입니다. 앉아서 바라밀 염송(염불) 할 때의 호흡을 말씀드립니다. 조용히 입을 다물고 코로 호흡을 들이마셔서 아랫배(단전), 지하 삼층(배꼽 밑 세 치)에 멈췄다가 서서히 토합니다. 들이마실 때는 조금 빠르게 해도 괜찮고 머물렀다가 토할 때 조금 완만하게 천천히 합니다. 그리고 이 호흡은 아주 진지하게 합니다. 진지하게 될 때 호흡하는 생각과 호흡(후)하는 근육운동이 함께 갑니다. 호흡과 생각이 같이 갑니다.

이렇게 호흡을 익혀두시면 다음에 반야바라밀 염송은 염으로 하고 호흡도 호흡대로 해서 호흡하는 곳에 반야바라밀 염송이 같이 따라가고, 반야바라밀과 호흡이 항상 함께 있어서 마음이 산란해지지 않습니다. 호흡에 힘을 얻으면 안정력, 흔들림이 없는 깊은 마음, 즉 정력定力이 빨리 이루어집니다.

저도 이전에 선방에 처음 가서 참선하다가 상기上氣가 되었습니다. 어거지 공부를 잘못 해서 골이 아프고 골이 무겁고 해서 무얼 할 수가 없었어요. 골이 쏟아지는 것 같아서지요. 그래서 존경하는 노장님께 말씀을 드렸더니 이렇게 말씀하셨습니다.

"자네 틀렸네. 수좌가 상기가 오르면 과부 바람난 걸세."

그러니까 뭐 하겠다고 하지 말고 마음놓아 버리라고 하시더군요. 그런데 이 말씀은 참선이고 화두고 뭐고 다 놓아버려야 낫는다는 뜻입니다.

그런데 그때 제 나이 스물다섯 살인데, 죽으면 죽었지 어떻게 이 길에 뛰어들어서 중간에 쉴 수가 있겠습니까. 그래서 그 다음에 별 방법을 다 쓰다가 소천 노화상을 만나서 호흡법을 배웠습니다.

호흡에는 여러 가지가 있습니다. 우선 순호흡법과 역호흡법이 있습니다. 역호흡법은 태식이라고도 합니다. 애기가 어머니 태 안에서 하는 호흡입니다. 폐기법, 토기법 등 여러 가지 수행법이 있더군요. 그 가운데 한 가지를 선택해서 하라고 하셨습니다. 처음에는 호흡을 하려니까 화두가 안 되고, 화두를 하려니까 호흡이 안 되고 해서 호흡이 익어질 때까지 화두를 팽개쳐버리자 하고 화두를 내버리고 진지하게 앉아서 다부지게 호흡만 했습니다. 그

렇게 얼마간 했더니 성과가 났습니다.

—— 호흡의 성과

그렇게 해서 골 무거운 것도 나아지고 골 아픈 것도 가셨습니다. 그리고 몇 시간 앉아 있어도 몸이 가뿐하고, 앉아서 정진하는 좌정력도 생겼습니다. 그 다음에 잠자는 것, 이전에는 잠을 자지 않으면 큰일 나는 것처럼 알고 하루에 몇 시간은 자야 한다고 생각했는데 잠이 싹 줄어버렸습니다. 잠도 서너 시간 정도 자면 되었고, 그나마도 매일 그렇게 안 잤으니까 며칠간 잠을 자지 않아도 되었습니다. 잠을 자지 않아도 되기에 잠 안 자기를 며칠씩 해 보았습니다. 일주일, 열흘, 보름, 나중에는 이십 일 동안 잠을 자지 않았습니다. 그러나 그렇게 해서 뭐가 되는 게 아니기 때문에 한 달에 한 번씩 일주일씩 안 잔다든가 그렇게 해가면서 또 조금씩 잠을 자면서 정진하던 것이 생각납니다.

반야바라밀을 염할 때는 항상 호흡과 함께 하는 것이 좋습니다. 호흡을 들이마시고 머물고 토하는 것이 마하반야바라밀과 하나가 되면 산란한 생각, 이생각 저생각 일어나는 생각도 없어져 버리고, 안정력도 생기고 수마도 없어지고 몸이 사뭇 가벼워집니다. 그리고 거기서 얻은 것들이 한두 가지가 아닙니다. 그래서 반야바라밀을 염송할 때 산란심이 있는 분들은 호흡을 했으면 좋겠다는 생각입니다.

될 수 있으면 모든 분들이 호흡을 해서 안정된 정력을 토대로 하는 정진

력을 길렀으면 좋겠습니다. 그렇게 되면 호흡은 호흡대로, 반야바라밀은 반야바라밀이 하나가 되어서 딱 앉아 있으면 호흡과 반야바라밀이 하나가 되어서 사뭇 공부에 안정력과 정진력을 얻게 됩니다.

—— 일심으로 부르면 통한다

마하반야바라밀을 일심으로 하면 서로가 막힘 없이 통한다는 것은 사실입니다. 그런데 기도하더라도 "저 사람이 내 마음대로 잘 되어지이다. 나를 좋아해지이다" 이런 식으로 이기심을 가지고 이용하려고 하는 마음을 가지고 하면 안 됩니다.

어느 날 어느 노보살님이 나에게 와서 "며느리가 교회에 나갑니다. 말을 할 수가 없습니다. 며느리는 대학을 나와 배운 것도 많고 해서 말을 할 수가 없습니다. 그런데 불교를 반대합니다. 어떻게 하면 좋습니까?"

그래서 이렇게 말씀드렸습니다.

"며느리를 위해서 기도하십시오. 며느리의 덕을 칭찬하고, 며느리의 건강과 며느리의 성공과 행복을 기원하십시오. 나를 위해서 잘하라고 하지 마십시오. 내 말 잘 듣고 좋은 며느리가 되라는 생각은 하지 마십시오. 오직 순수하게 며느리만을 위하십시오. 며느리의 건강과 행복과 그의 성취를 생각하십시오. 며느리가 집안에 들어와서 우리 집안이 정말 밝아지는 것을 감사히 생각하십시오. 며느리만을 위해서 기도하시고 마하반야바라밀을 외우십시오."

그런데 얼마 있다가 노보살님이 다시 오셨습니다. 며느리가 슬그머니 교회에 안 가더라는 것입니다. 그것만이 아니라 얼마 지나서 "저도 절 구경 한 번 갈까요?" 하더라는 것입니다.

마하반야바라밀은 모든 사람이 하나의 진리로 통하는 길입니다. 그런데 그것을 통해서 "내 물건이나 잘 팔아야지." "좋은 취직자리를 얻어야지." 이렇게 이용하려고 해서는 안 됩니다. 진리는 진리대로 가야 합니다. 대명주이고 무상주임을 알아서 반야바라밀을 입으로만 외우지 말고 내 몸 전체가 마하반야바라밀 대명주가 되라는 것입니다.

"만약 선남자 선여인이 이 대명주를 배우면 스스로 몸에 괴로움이 없고 또한 남의 괴로움이 없어 둘 다 편안하느니라."

시골 계신 부모님이나 시어머니를 위해서 여기서 일심으로 마하반야바라밀을 염하면 그분들이 건강해집니다. 그보다 앞서서 자기 자신이 좋아집니다. 마하반야바라밀은 서로가 있는 가운데 길을 밝히는 것과 마찬가지입니다. 동과 서의 길 가운데 불을 켜 놓으면 양쪽이 다 밝은 것과 마찬가지입니다.

—— 구하는 것 없이 구하라

구하는 것 없이, 조건 없이, 무조건 일심으로 마하반야바라밀을 염하고, 특히 우리 마음의 방향을 정해서 어느 분의 행복을 기원하면 그 방향으로 더욱 밝아집니다. 그렇기 때문에 우리가 부모님을 위해서, 형제를 위해서, 조

상님을 위해서 기도하는 이유도 그런 데 있는 것입니다.

불가사의한 법이 마하반야바라밀에 있습니다. 우리는 3차원의 세계에 살고 있지만 마하반야바라밀은 모든 차원을 초월한 무차원의 세계입니다. 일체가 통한다는 것입니다. 일체 통하는 도리를 입으로 말해서 진언이 되지 말고 몸으로 외워서 명주가 되자는 것입니다.

대명주를 배우면 아뇩다라삼먁삼보리를 얻고, 마침내는 마하반야바라밀을 외우면 아뇩다라삼먁삼보리를 얻는 것이며, 아뇩다라삼먁삼보리는 무상정등정각이며, 위 없는 바른 깨달음, 최상의 깨달음, 즉 성불입니다.

여러분들도 마하반야바라밀을 입으로만 외우지 말고 몸으로 외우는 대명주를 배우면 무장애, 즉 장애가 없는 사람이 되며, 속박에서 벗어난 해탈심이 되며, 부족함이 없는 원만신이 되며, 무엇인가 성취하는 성취신이 되니, 우리 모두 그렇게 되자는 것입니다.

마음이 바뀌면 세상이 바뀐다

얼마 전에 어느 젊은 사람이 찾아왔습니다. 이 사람은 학교에 다닐 때는 법회에도 다니면서 불법과 가까이 지냈습니다. 그런데 외아들이라 결혼을 일찍 하게 되었습니다. 결혼한 후부터 책임감을 가지고 집안을 잘 꾸려갈 중심이 된 것이 아니라 방탕한 생활을 했습니다. 술 마시고 도박하는 등 방탕하게 놀아나서 좀체 집안을 돌보지 않고 걱정을 많이 시켰다고 합니다. 월급을 타서 집에 가져오는 것이 아니라 대개 그렇게 해서 없애버리기 때문에 집안 살림살이가 말이 아니었지요. 집에서는 소금밥을 먹으며 그렇게 어려운 세월을 십 년 가까이 보낸 모양입니다.

그러던 중, 철공 일을 했던 이 사람은 어떻게 잘못 실수해서 쇠부스러기가 눈에 들어가 한쪽 눈을 치료하게 되었습니다. 병원에 누워 있는데 어머니가 오셔서 "너 병원에서 갑갑하지 않느냐? 가까운 절에 가서 부처님께 참배도 하고 법회에서 법문도 듣고 하자"고 하셨습니다. 그래서 병원에 누워있는 것이 지루했던지 아내와 함께 절에 갔던 모양입니다.

절에 갔더니 법회에서 법문을 하시는데 전부 인과 얘기를 하는지라, "어떤 결과를 가져오는 것은 그 원인이 있는 것이다. 원인은 마음을 쓰는 데 따라서 결과로 나타난다. 결과를 바로 잡으려거든 마음을 바로 고쳐라" 하는 얘기가 주가 되었습니다. 그리고 그 사람의 가슴을 콱 찌르는 것은 웃어른께 항거하며 눈을 부라리고 맞대결하고, 누구와 다투기 좋아하고 거친 생활을 하는 사람은 대개 한쪽 눈을 잃어버릴 수도 있다는 얘기를 했던 모양입니다.

'모든 일은 마음에 달려 있다'고 하는 말을 들은 이 사람은 현재 고통스러운 환경에 빠진 것도 자기가 잘못해서 그렇다고 생각하고 있는데 가뜩이나 애꾸눈이 된다는 말까지 들으니까 '이거 큰일 났구나' 하는 생각이 들었던 모양입니다. 뿐만 아니라 한편으로는 어머니가 미리 법사님께 가셔서 자신에게 훈계가 되도록 이런 얘기를 부탁드린 것이 아닌가 하는 생각이 들었습니다.

그래서 어머니께 "어머니가 뭐라고 하셨기에 그 법사님은 내 얘기를 그렇게 합니까?" 하자 어머니께서는 "나는 그런 말 한 적도 없고 그리고 그 절에는 가지도 않았다" 하셨습니다.

그러자 그 사람은 마음에 와 닿는 것이 있었습니다. '아, 인과응보因果應報로구나. 내가 지금 눈이 멀게 된 것도 부모님께 항거하고 윗사람에게 대결하고 항상 반항적 기질에다가 거친 생각을 해왔기 때문에 그렇구나.' 그러면서 자기 마음을 탁 돌이키는 계기가 되었다고 했습니다. 그리고 집에 돌아

와서 부인한테 그동안 내가 잘못한 것이 많으니 당신에게 사과한다고 했습니다.

그런데 그 부인이 덕이 있는 부인이었나 봅니다. 자기 남편이 술이나 마시고 도박이나 하고 돈을 벌어도 갖다 주지도 않아 빚을 많이 졌는데도 남편에게 대결하지 않고 그냥 순종하고 살았던 모양입니다. 소금이면 소금, 간장이면 간장을 먹으면서도 조금도 불평을 하지 않았답니다.

—— 마음이 바뀌면 천지가 바뀐다

그리고 나서 눈도 나았습니다. 그리고 며칠이 지난 어느 날, 퇴근하는 차 안에서 언뜻 '오늘 어머니가 기도하러 가신다고 했는데 기도는 내가 해야 할 것이 아닌가? 기도할 사람은 내가 아닌가' 하는 마음이 갑자기 생겼습니다.

그래서 집에 돌아와 어머니께 "어머니, 기도 가신다고 하셨지요? 어머니는 가시지 마시고 저를 보내주세요" 했습니다.

사람이 아주 바뀌어 버렸습니다. 저도 이 얘기를 들으면서 어머니를 생각했습니다. 그 어머니는 아들이 마음잡아서 충실한 가장이 되도록 아들을 위해서 항상 기도를 하셨습니다.

그런데 그때 기도는 그 아들이 '무얼 잘못한다, 항상 바람피운다, 돈을 낭비한다, 살림에 무관심하다' 는 등등 잘못하는 것만 생각하고 '이것 잘못하는 것 고쳐야지, 저것 잘못하는 것 고쳐야지' 하며 그렇게 아들 잘못하는

것만 지적해 가지고 "이것 고쳐지이다, 저것 고쳐지이다" 하고 기도했던 것입니다.

그러다가 나중에 가서는 그 어머니가 "이것 잘못된 것이니 고쳐지이다" 하는 생각을 쉬어 버렸습니다. 그리고는 "부처님, 하나밖에 없는 자식을 부처님께 모두 맡깁니다. 부처님께서 거두어 주십시오. 부처님께서 거두어 주셔서 부처님 곁에서 배우도록 부처님 마음에 가까이 돌아오도록 해 주옵소서." 그렇게 아들의 잘못을 하나하나 찍어서 기도한 것이 아니라 전적으로 부처님께 맡겨버리고 부처님의 법문 가운데서 바르게 성장하기를 기도했다고 합니다.

어머니의 기도가 바뀐 후에 아들이 바뀌기 시작한 것입니다. 그렇게 해서 그 집안은 등불이 켜진 것처럼 어두운 집안이 밝혀졌다는 이야기를 기억합니다.

—— 선인선과 악인악과善因善果 惡因惡果

생각나는 얘기가 있어서 한 가지 더 말씀드립니다.

어린애가 있었는데 이 아이가 말을 못하는 것입니다. 태어나면서부터 귀머거리·벙어리인 줄 알고 아홉 살이 되도록 키웠습니다. 그런데 하루는 그 어머니 되는 사람이 절에 갈 일이 있어서 절에 갔다가 다른 사람이 스님하고 이런저런 얘기하는 것을 듣다가 자기도 그 얘기에 끼어든 것입니다. 그래서 "저희 집에 이런 아이가 있습니다. 어떻게 기도하면 좋습니까?" 하고 물

어봤습니다.

그러니까 그 스님이 참 명답을 했습니다. 그 아기를 임신하고 있을 때 마음 가운데 불안한 것이 없었던가. 미운 사람이 있어서 그 사람에게 독한 마음을 가지고 있지나 않았던가. 혹 그런 독한 마음을 가지고 있었다면 아이들이 그런 경우가 있다고 하셨습니다.

그러니까 당장 머리에 탁 떠오르는 것이 그 아이를 가졌을 때 "시어머니 말이라고 하면 내가 듣나 봐라. 쳐다보나 봐라" 하고 완고하게 항거의 벽을 쳐버렸던 것이 생각났습니다. 그래서 시어머니가 뭐라고 그러시든 말든 본체만체 안 듣기로 마음을 먹고 그러한 슬픔 속에서 아기를 낳고 보니까 그렇게 되어 버렸다고 합니다.

스님 말씀을 듣고 뉘우쳐서 "제가 참 잘못한 것이 있습니다" 하고 그 애기를 하니까 "시어머니께 참회를 하고 사과를 하세요" 하셨습니다.

"참회도 못하고 사과도 못합니다. 돌아가신 지가 몇 년입니다" 하자 스님께서는 "돌아가셔도 시어머니가 아주 없는 것이 아니고 먼 데 갔다 하더라도 먼 거리는 우리 생각에서 먼 곳이지 본래 한마음입니다. 한마음 통해서 함께 있기 때문에 한마음으로 참회하고 한마음으로 사과하면 다시 화목하게 되는 것이니까 참회하십시오" 하셨습니다.

그 부인은 그때부터 스님께 배운 대로 염불하고 독경하며 기도하는 법을 배워서 기도를 시작했습니다.

기도는 다른 것이 아닙니다. 시부모님을 생각하고, 시부모님에게 뉘우

치는 생각을 가지고, 자기 마음을 돌이키는 것, 그리고 사과하는 생각을 일으키고 시부모님을 위해서 독경 염불하는 것입니다.

자기의 잘못도 용서하시고 풀어 주시고 부처님의 공덕을 입어서 밝은 곳에 나시고 천상에 나시라고 기원을 드렸던 모양입니다. 그렇게 기도한 지 한 달 남짓 했는데 어떻게 된 영문인지 그 아이의 귀가 차차 열리고, 귀가 열려서 말을 흉내내기 시작하고, 마침내는 입이 열렸다는 이야기입니다.

마음이 근본입니다. 이 근본인 마음은 각자 남에게 빼앗긴 것이 아니라 본인이 가지고 있는 것입니다. 이 마음을 부처님의 가르침에 따라서 바르게 쓰고 바르게 활용하면 그대로 일체에 통할 수 있는 것입니다. 이웃사람과도 통하고, 돌아가신 시부모님과도 통하고, 멀리 간 벗과도 통합니다. 원래 전체가 마음 하나이기 때문입니다.

이러한 인과의 법칙은 벗어날 수가 없습니다. 나쁜 일을 생각하면서 좋은 결과를 얻으려 하더라도 결코 그런 간교한 일은 이루어질 수 없는 것입니다. 착한 원인에는 반드시 착한 결과가 있고 악한 원인에는 반드시 악한 결과가 따르는 것입니다. 콩이든 팥이든 심은 대로 거두는 것입니다.

이렇게 항상 밝은 마음으로 스스로를 가꾸고, 함께 있는 가족들이 밝은 마음으로 밝은 생명을 열어가는 것이 바로 자기와 환경과 가족의 운명을 밝게 열어가는 것입니다.

【 법문의 소중함 】

　법문을 듣는 것은 무슨 재미있는 야담을 듣거나 기초 교양강좌를 듣는 것과는 다릅니다. 법문은 번뇌로 덮여 있는 것을 뚫고 내 마음속에 부처님의 광명이 비춰 들어가는 길을 인도하기 때문에 아주 정숙하고 엄정한 자세로 들어야 합니다.

　그런 정숙하고 엄정한 자세로 들을 때 설사 금방은 이해되지 않더라도 마치 금강석을 삼킨 것처럼 마침내 썩지 않고 변치 않아서 언젠가는 그 참뜻을 알아서 그것이 빛을 발하게 됩니다.

　그러므로 누가 법문을 하더라도 반드시 자세를 정중히 하고 엄숙히 해야 합니다. 가령 여기 거사님이 법문할 때에도 제가 꼭 그 밑에서 삼배를 합니다. 그건 다른 뜻이 아닙니다. 법을 설하는 그분도 소중하지만 그분이 위 없는 법을 설해 주기 때문입니다.

　그러므로 경에도 분명히 말씀하시기를 법을 설할 때는 다른 사람보다 한층 높은 자리에 위엄 있게 정중히 앉아서 법을 설해야 한다고 했습니다. 같은 친구끼리 앉았다가도 법을 설하는 자리에 나아가게 되면 친구가 아니

라 바로 법사님으로 위치가 바뀌는 것입니다. 이것이 불교 믿는 사람들의 기본상식입니다.

—— 입정에 든다는 것

또 한 가지는 법문을 듣기 전에 모두가 입정을 합니다. '입정은 정定에 든다' 는 뜻인데 무슨 말이냐 하면, 조용하고 아주 고요해서 생각이 일어났다 꺼졌다 하는, 즉 어지러운 바람이 부는 숲에서 나무가 흔들리지 않는 상태를 말합니다. 나무의 가지와 잎이 흔들려도 뿌리는 흔들리지 않습니다. 그렇게 나무가 흔들리지 않는 것이 아니라 생각을 고요히 해서 흔들리지 않는 뿌리에 마음이 가 있기 때문에 저절로 겉 생각은 흔들리더라도 속마음은 흔들리지 않게 됩니다.

속마음이 흔들리지 않는 곳에 가 있으면 겉마음도 흔들리지 않습니다. 사람이 흔들리는 곳에 마음을 갖다 두고 있기 때문에 마음이 흔들리는 것이지, 흔들리지 않는 깊은 곳에 마음이 들어가 있으면 일체 경계가 없는 것입니다. 이처럼 조용하게 생과 멸이 없는 마음상태에 들어간 것을 정에 들었다고 합니다.

이 정에 들어갈 때 모든 성인과 통할 수도 있습니다. 세상 사람들은 시끄러워서 번뇌망상이 많고 그것 때문에 고통을 벗어나지 못하고 장애가 많고 뜻대로 안 되는 것이 많지만, 그렇게 깊은 정에 들어가 보면 그런 장애가 없는 세계에 가게 됩니다.

바다로 말하면, 바다 표면은 바람이 불어서 파도가 심하지만 깊은 속에 들어가면 조용한 것과 같습니다. 겉으로는 아무리 파도가 쳐도 깊은 바닷속에는 파도가 치지 않습니다. 이와 마찬가지로 파도가 치지 않는 깊은 속에 들어간 성인들은 모든 세상의 시끄러운 데 걸림이 없고 장애에 걸림이 없고 고난에 얽힘이 없습니다. 고요한 데에 들어가 있기 때문에 그렇습니다.

—— 마음을 고요히 하라

이처럼 법문을 듣기 전에 마음을 고요히 해서 깊은 마음자리에 들어가는 입정을 하면 모든 성인과 같이 되는 경계에 들어가게 되고, 법문 말씀도 바로 그 깊은 마음에서 하는 것이기 때문에 저절로 알아들을 수 있는 것입니다. 그러니까 학문을 많이 하고 지식이 많은 박사가 된 사람은 오히려 법문을 알아들을 수 없어도, 글을 안 배운 분이라도 염불을 많이 하고 마음을 고요하게 닦은 사람들은 법문을 금방 알아듣습니다. 왜냐하면 그 사람은 바닷속 깊은 곳을 가 본 사람이기 때문에 법문을 알아듣습니다. 그러나 안 가 본 사람은 아무리 지식이 많아도 망상세계, 바람이 부는 세계, 파도가 치는 세계의 지식만 알고 있어서 파도가 치지 않는 망상이 없는 깊은 바닷속 얘기는 전혀 알아듣지 못합니다.

그러므로 법문을 듣기 전에 입정해서 모든 생각을 끊고 고요히 앉아 있는 그 시간은 참으로 엄숙한 시간입니다. 우리 각자가 진정으로 그런 마음으로 앉아서 정에 들어 있는 그때가 부처님 법문을 참으로 듣는 때이고 부처님

을 대면하는 시간이라고 합니다. 그러니까 그 시간은 아주 엄정하게 하고 자세를 가장 엄숙하게 해야 합니다.

모르시는 분이 있으면 이것을 꼭 기억하셔서 입정시간이 귀를 통해서 법문을 듣지 않고, 생각을 통해서 법문을 듣지 않고, 참으로 내 생명이 직접 법문을 듣는 시간이다 이렇게 생각하셔서 그 시간을 엄정히 하시기를 부탁드립니다.

그러기에 '일파선정 생함지옥—破禪定 生陷地獄' 이란 말이 있습니다. 고요히 깊은 삼매, 정에 들어 있는 사람 옆에서 누가 떠들거나 부스럭대서 그 사람의 마음을 시끄럽게 흔들면 떠든 사람이 죄를 지어서 지옥에 간다는 말까지 있으므로 공부하는 사람, 선정에 든 사람, 염불하는 사람, 특히 고요히 마음을 닦는 사람을 소중히 여기고 존중해야 합니다. 그 사람이 범부이든 지식 있는 사람이든 노인이든 젊은이든 스님이든 거사님이든 구별하지 말고 그렇게 삼매에 들어서 정을 닦는 공부를 하는 사람들을 소중히 여겨야 합니다. 그 선정을 깨뜨리면 허물이 되어서 산 채로 지옥에 간다는 말까지 있다는 것은 선정 공부가 얼마나 소중한가를 알게 해주는 대목입니다.

얼마 전에 어떤 사람이 "지옥이라는 곳이 정말 있는 것입니까? 지옥은 나쁜 짓 하지 않게 악당들을 겁주려고 만들어 낸 말 아닙니까?" 그렇게 물어 왔습니다. 그래서 내가 되물었습니다.

"당신이 살고 있다고 하는 것이 현실입니까?"

"이것을 빼놓고 그럼 현실이 따로 어디 있습니까?"

"당신이 지금 육체를 가지고 이 세상에 살고 있다는 현실감은 어디서 왔습니까? 당신이 지금 현실로 느낀다면, 그 현실 못지않게 똑같이 지옥이 또 있습니다. 당신의 마음 깊숙이 이루어지고 있는 마음의식, 의식상태의 표현으로서 이 세상이 있습니다. 그러니까 마음 의식상태가 지금보다 인간 이하로 거칠고 악하고 어둡고 그런 상태가 되면 인간이라고 하는 현상이 안 나타납니다. 그 다음에는 시커멓고 어두운 그러한 세계가 나타날 것이고 그 속에 당신이 들어가 버립니다."

인간이 되었다고 하는 것은 마음 깊숙한 속에 새겨진 어두운 상태의 정도에 따라서 인간차별 중생차별이 벌어지기 때문에, 그것은 마음속의 어두

운 상태를 근본적으로 청산하지 않는 한 누구든지 미혹상태에서는 미혹을 현실감으로 받아들이는 것입니다. 그러므로 누구를 놀라게 하기 위해서 만들어 낸 지옥설이 아닙니다.

지옥은 자기가 스스로 짓고 자기가 빠져들어 가는 것입니다. 그러나 거기에서 한생각 돌이켜서 자기 본래 청정자리로 나오면 구름 위 푸른 하늘에는 태양밖에 없습니다. 그것은 지옥에 빠진 사람에게도 변치 않는다는 그런 이야기를 한 적이 있습니다.

이 점을 돌이켜본다면, 우리들이 망념에 빠진다고 하는 것은 진리세계를 등지고 나오는 것이고, 고통의 씨를 심는 것입니다. 이 망념을 받아들여서 내 마음상태가 어떤가에 따라서 인간으로 태어나든, 악에 태어나든, 축생이 되든, 지옥에 가든, 천상에 태어나든 하는 것뿐입니다. 그 마음상태에 천차만별이 있기 때문에 중생의 세계도 천차만별이 있는 것이고, 같은 인간이라도 제각기 마음상태에 따라서 나타나는 상태가 다르다는 것을 알 수 있습니다.

망은 망이로되 망 가운데 빠진 사람은 그것이 현실입니다. 꿈을 꾸는 사람이 꿈은 꿈인데 꿈꾸고 있는 본인은 호랑이한테 쫓기거나 절벽에서 떨어지거나 물에 빠졌거나 하는 것이 그 사람한테는 현실이라는 말입니다. 그것을 현실이라고 믿는 사람에게는 지옥에 빠진 것도 몽환이지만 현실이고, 인간으로 태어난 것도 몽환이지만 바꿀 수 없는 현실입니다. 망념을 따르지 않는 것이 마음을 지키는 것이고, 그 망념을 따르지 않으려고 염불을 하거나

독경을 하거나 참선을 하거나 여러 가지 수행을 합니다.

── 염불의 세 종류

그런데 염불을 보면 몇 가지가 있습니다. 극락세계를 발원하는 아미타불 염불을 하시는 분은 "극락세계에 가야지. 금생은 금생대로 이렇게 살고, 내생 장만을 해야 한다" 하고 아미타불을 부릅니다. 아미타 극락세계를 믿고, 극락세계에서 아미타불이 제도하시는 것을 믿고, 아미타불이 현재 설법하시는 것을 믿고, 아미타불을 염해서 극락세계 염하면 극락세계 태어나는 것을 믿고 열심히 부릅니다.

이렇게 극락세계에 태어나고자 염불하는 사람도 있지만, 그렇지 않고 "극락세계는 차치하고 당장 편안해야 되겠다. 고난에서 벗어나야 하겠다. 재난에서 벗어나야 되겠다. 내 마음에 있는 것을 이루어야 되겠다"는 마음으로 그냥 열심히 관세음보살, 지장보살을 부르는 사람들도 있습니다. 지금 살고 있는 금생의 문제로 염불하는 사람이 있습니다.

또 어떤 사람들은 내 마음을 밝히고 내 자성을 밝혀서 깨달은 마음, 본래 청정한 마음을 회복하기 위해서 염불하는 사람이 있습니다. 이 사람은 반야바라밀을 염하고 석가모니불을 염하고 혹은 관세음보살을 염합니다. 그런데 염하는 데 뜻이 있는 것이 아니라 청정본심을 깨달으려는 그런 마음으로 염불하는 사람입니다. 대개 염불 종류를 나눠 보면 앞의 세 가지 정도일 것입니다.

남을 위해서 염불하는 것도 자기 마음 가운데 있는 남입니다. 남이 따로 있는 게 아니라 내 마음을 움직이고 있는 상태인데 움직이고 있는 마음이 자기를 위한 것이냐 남을 위한 것이냐 하는 내용의 색채가 다를 뿐이지 자기 마음을 움직이기는 마찬가지입니다.

세 가지 염불 가운데에서 극락세계에 나기를 발원하는 사람이나 현실세계 고난을 벗어나기 위해서 염불하는 사람은 우선 제쳐놓고라도, 그냥 깨닫기 위해서, 자기 본성청정을 드러내기 위해서, 생사가 없는 진리를 깨닫기 위해서 일심염불하는 사람은 오직 염불할 뿐입니다. '관세음보살' 혹은 '마하반야바라밀', 부처님의 한량없는 광명이, 한량없는 위신력이 우리 생명과 나의 환경 온 누리에 빛나고 가득 차 있는 것을 믿고 의심하지 않고, 염불하는 단계에 가서는 '마하반야바라밀'만 열심히 염하는 것입니다.

—— 일심으로 염불하라

기도하는 사람, 염불하는 사람은 오직 염불만 있을 뿐입니다. 다른 생각을 갖지 않습니다. 관세음보살을 부르면 관세음보살만 부르지, 관세음보살이 자비하다든가, 위신력이 있다든가, 손을 뻗어서 제도해 주신다든가 그런 것을 생각하지 않습니다. 일심으로 관세음보살만 부르는 것입니다.

마하반야바라밀도 마찬가지입니다. 그렇게 염할 때만 염불이고 그래야 일심이 되는 것입니다. 염하는 위에 다른 생각을 붙이면 그것은 망상입니다. 염불에 앞서서 부처님의 대자대비와 한량없는 위신력이 현실적으로 내 생

명에 충만했다는 사실을 확실히 알고 믿고 확정적으로 눈으로 보듯 의심하지 않지만, 염불할 때는 염불만 하라는 말입니다.

그리고 그 마음 가운데 원망심을 비우고 어두운 생각을 비우고 슬픈 생각들을 비우고 과거부터 잘못된 생각들을 다 뉘우치고, 그리고 부처님의 광명이 나에게 충만하고 있는 것을 감사하는 심정, 이것이 망념을 재우면서 기도하는 방법입니다.

부처님의 대자대비, 부처님의 한량없는 위신력, 한 사람도 빼놓지 않고 무조건 제도해 주시는, 그리고 부처님의 광명이 어느 때나 누구에게나 함께 하고 있다는 사실, 그것을 눈으로 보듯 믿고 확정적으로 의심하지 않는다는 점은 옳습니다. 그러나 염불할 때는 모든 생각을 놓아야 합니다. 염불할 때는 부처님을 생각하거나, 자기의 병고를 생각하거나, 자기가 어떻게 되었다고 하는 생각을 다 놓아버리고 오직 일심으로 염불해야 합니다. 염불은 일심이고, 일심은 무념이고 형상이 없는 것입니다.

그런데 이 일심이라고 하는 것이 퍽 재미있습니다. 처음에는 이 생각 저 생각이 많이 납니다. 전혀 아무런 생각이 안 나고 가만히 있기도 하고, 염불이 잘 되면 '잘 되는구나' 하는 생각이 나고, '나만큼 하는 사람이 있을까' 이런 생각도 납니다.

생각은 생각을 물고 일어나고, 어느 틈에 염불조차 놓쳐버리기도 합니다. 염불은 어디 산너머 멀리 가버리고 몇 년 전, 혹은 어렸을 때 있었던 일까지 생각이 나서 도저히 염불이 안 되는 경우도 있습니다.

좌선도 마찬가지입니다. 어떤 분은 "좌선을 하려고 앉으면 자꾸 망념이 나서 도저히 할 수가 없어 그만둡니다"라고 합니다. 심정이 이해가 갑니다.

좌선하려고 앉아 있었더니 엉뚱한 생각이 계속 난다고 합니다. 그런 사람은 독경을 하고 마하반야바라밀을 열심히 염하면 됩니다. 그래도 안 되는 사람은 수식관을 해서 기초를 닦으면서 마하반야바라밀을 염하면 그런 것이 차츰 없어집니다.

옛날 스님들을 보면, 안 잘 수는 없고 드러누워서 많이 자면 안 되니까, 둥그런 나무 목침을 만들어서 베고 자면 조금만 움직여도 머리가 떨어져 잠이 깹니다. 그러면 벌떡 일어나는데 그것이 오뚝이 법입니다. 저도 해보았습니다. 그런데 더 쉬운 방법이 있습니다. 수식관을 철저히 해서 수식관의 힘을 길러 놓으면 잠은 극복이 됩니다.

제가 선방에서 지내던 시절, 처음에는 상기 때문에 참선을 못 하다가 나중에 상기를 극복하기 위해서 기도를 하면서 수식관을 했는데, 그렇게 하는 가운데 잠 못 자면 큰일이 날 것처럼 했던 생각들이 떨쳐져버렸습니다. 잠잘 형편이 안 되면 하루 이틀이나 삼사일, 일주일이나 열흘, 심하면 이십일까지도 안 자고 참선을 할 수 있었던 것은 수식관을 익혀서 좌선의 기초를 닦았기 때문에 가능했다고 생각합니다. 그것은 한 사람의 특허가 아니고 누구든지 하면 되는 것입니다.

그런데 염이라고 하는 온갖 잡념이 다 일어납니다. 여러 가지 생각이 일

어나지만 그렇다고 '이 생각을 떨쳐버려야지, 생각을 없애버려야지' 한다고
해서 떨쳐버려지지가 않습니다. 잡념이 나든 말든 오직 염불만 하십시오.

마하반야바라밀을 염하는 사람은 망상이 일어나는 것을 알거든 바로 마
하반야바라밀을 염송하십시오. 마하반야바라밀을 계속 염송하다 보면 마하
반야바라밀밖에 다른 것이 없게 됩니다. 마하반야바라밀밖에 다른 것이 없
다는 것은 마하반야바라밀 일념이 되었다는 뜻입니다.

일념이 되었을 때 계속해서 밀고 나가면 일념이 허공념이 되어버립니
다. 일념이 되어 이 지구가 허공 가운데 들어 있고, 허공 가운데 이 우주가 들
어 있습니다. 일념이 마침내 허공과 융화되어 버립니다. 이 상태가 바로 진
리를 알게 되는 상태입니다.

그런데 그 고비는 어떤 특수한 기술을 가진 사람이 가는 것이 아니고,
골똘한 마음을 가지고 멧돼지처럼 앞만 보고 막 달리는 용맹한 사람이 가능
합니다. 그 사람이 지혜 있고 용기 있는 사람입니다. 힘 안들이고 하는 방법
은 없습니다. 힘들여서 해야 되는 자리입니다.

기도성취의 원리

　명훈明訓은 부처님께서 우리들에게 주시는 밝은 가르침입니다. 부처님은 늘 밝음을 통해 도움을 주시는데 우리는 이를 알지 못하고 있습니다. 왜냐하면 부처님은 우리를 도와 주시되 몰래 도와 주시기 때문입니다. 우리가 깨닫지 못하는 사이에 도와 주십니다. 지나고 보면 그 어려운 것들, 그 험한 것들, 참으로 잘 빠져 나왔구나. 나 스스로 생각해도 참 묘하다는 때가 있습니다. 그래서 부처님의 가피는 원칙적으로 명훈가피입니다.

　그것은 왜 그런가? 예를 들면 엄마와 길을 가던 아기가 길에 주저앉아 버렸습니다. 그렇게 하면 엄마가 금방 일으켜 줄 것을 알기 때문입니다. 그런데 "우리 아기 힘이 있다, 장하다, 착하다, 장사다" 하고 격려해 주면 아기는 있는 힘을 다해 스스로 일어서고, 뛰어보고, 뒤를 돌아보며 좋아서 엄마 얼굴을 쳐다 봅니다. 엄마가 박수쳐 주면 더 좋아서 뛰어갑니다.

　이것은 처음 어렸을 때는 기대고, 붙들어 주지만 필경에 스스로 부처가 돼서 독립하는 것, 진리의 주인이 되는 것, 완전한 성취가 되는 불교와 똑같습니다. 이를 부처님께서 주시는 명훈가피라고 합니다. 자주를 기르고, 자

력을 기르고, 자각을 촉구하는 불교이기 때문에 부처님의 가피는 명훈가피입니다.

저는 한국전쟁 당시 군인이었습니다. 전투에서 총들고 뛰지는 않았습니다만 그때 저는 남북한 전방의 양쪽을 뚫고 다녔습니다. 국군과 북한군이 전투하는 진지를 오락가락 했으니까. 그래서 따발총 습격도 여러 번 받았습니다. 한번은 산골짜기에서 북한군과 맞부딪쳤는데 저더러 어디어디에 숨어 있다가 달이 뜨면 가라고 했습니다. 또 어떤 집에 숨었는데 수색하는 자가 나를 보았는데도 못 본체하고 지나갔습니다.

지금 돌이켜보면 제가 모르는 가운데 부처님께서 저에게 사명이 있어서 특별히 도와 주신 것이 아닌가 하는 생각이 듭니다.

어떤 때는 마침 숨어들어간 곳이 나를 잡는 소굴이라, 그런데 거기서 뜻밖의 사람이 나타나서 당신은 나하고 가까운 사람이니 여기서 같이 자고 가라고 했습니다. 자고 있는데 나를 잡으러 온 사람이 "저사람 누구냐?"고 물으니까 우리 동생이 왔는데 밤이 늦어 못 가고 지금 자고 가려고 하는 것이라고 했습니다. 집집마다 쌀을 가지고 나오게 지시를 내리고, 지나가는 사람까지 모조리 잡아가는데 저는 무사했습니다. 새벽에 나는 그분에게 고맙다는 인사를 하려고 기다렸는데 "왜 빨리 도망가지 않느냐? 사정이 급하니 빨리 가라"고 했습니다.

그뿐만 아니라 그후 여러 차례 어려움을 당한 것을 돌이켜보면 부처님은 크신 은혜를 주시고자 일찍부터 특별히 가호해 주신 것이 아니었던가 하

는 생각을 자주 합니다.

부처님의 가피는 원칙적으로 명훈가피明訓加被입니다. 모르는 가운데 우리를 항상 도와 주시며 자주적이며 자력을 키워 자각을 통해서 필경 성불해서 아무 데도 의지하지 않는 완성을 촉구하십니다.

소천 노화상께서 금강산 비로봉에 올라가셔서 "한 발로 비로봉 꼭대기를 밟아 버렸으니 이 한 다리를 무엇에 써먹으랴!" 하셨습니다. 다 끝났다는 것입니다. 완성하고 완성해서 다시 더할 것이 없는 것, 이것이 불법의 수행이고 성취입니다.

성불을 지향하는 부처님의 가호력은 때로는 현전가피現前加被의 경우도 있지만 대개는 명훈가피인데 이것이 진가피眞加被입니다. 우리들은 형상으로 보이지 않으면 부처님의 가피력이 없다고 생각합니다. 오히려 눈에 보이고, 형상으로 나타나고, 현몽이 있고, 상서가 있고 이런 것들은 부처님께서 할 수 없이 베푸시는 자비의 시선입니다. 그것이 지금 이야기하는 현전가피입니다. 현전가피란 말은 제가 만든 말입니다. 명훈가피의 대구가 될 만한 내용으로 생각해본 것이 현전가피입니다.

—— 현전가피란

현전가피는 대략 세 가지로 볼 수 있습니다.

첫 번째는 우리들이 기도를 함으로써 내 안에 들뜬 마음들, 미움 · 원망 · 슬픔이 있어서 나에게 이런 불행이 왔구나, 불안이 왔구나, 고통이 왔구

나, 병이 왔구나, 장애가 생겼구나 이런 것을 금방 깨달아버리는 것, 이것은 바로 우리들이 마음을 바꿈으로써 즉시 나타나는 공덕들입니다.

이것은 신행수기에도 많이 나오고 법회 때도 여러 번 말씀드렸습니다. 즉 일심으로 염송하고 마음을 바꾸고 나니 몸이 좋아졌다, 기도 가운데 자기도 모르게 눈물이 나오고 그때부터 가슴이 시원해지고 신경통이 나았다, 가정 화합을 가져왔다, 먼 데 있는 집안 어른들이 평안해졌다 등등 여러 가지 애기가 나옵니다.

두 번째는 상서로움을 보는 것입니다. 마음을 바꾸면 바꾸는 것에 따라 상서祥瑞 같은 것을 보아요. 일심으로 기도함으로써 마음이 바뀌면 바뀌는 데 따른 상서를 보는 경우가 있습니다. 이 상서를 보아서 성취를 아는 경우들이 있습니다. 또 그런 상서가 없이 아는 경우, 예를 들어 특별히 마음을 바꿨더니 그저 일심으로 힘들여서 정진하였더니 즉시 발복했다, 성취했다, 이런 사람들도 종종 있습니다.

제일 기억에 남는 강동구 불자 중 한 분의 경우, 교통사고로 8톤 트럭이 다리 위를 지나갔다고 했습니다. 다리가 부러지고 크게 다쳐서 나았는데도 아파서 견딜 수가 없었다고 합니다. 그래서 철야정진법회에 동참해서 다리가 아픈 가운데 절을 했다고 합니다. 얼마나 고통스러운지 아침에 집에 가면서 다시는 안 온다고 맹세하고 갔다는 거예요.

그리고 집에 가 피곤해서 잠들었다가 9~10시경 누구를 만나기 위해 깼는데 어떻게 된 사연인지 다리가 번쩍 들리더라는 겁니다. 그때부터 다리가

완전히 나았다고 했어요. 그분의 말씀에 정말 실감이 갑니다. 저만 같아도 중단하고 갔을 거예요. 그런데 철야정진법회에 처음 참석한 그분은 그 아픈 몸을 이기고 밤새도록 끝까지 그곳에 있으면서 정진을 어떻게 하는지 살피면서 참석했다는 거예요.

이런 경우 특별히 상서가 있었던 것도 아니고 자기가 특별히 발원한 것도 없습니다. 오직 정진한다는 일심으로 아픔을 이겨가면서 이를 악물고 해낸 것뿐이에요. 봄에는 관악산에도 거뜬하게 다녀왔다며 자랑을 했습니다.

원래 부처님의 세계가 불가사의인 까닭에 뭐라 말할 수 없습니다. 또 도봉구의 무이선 보살님의 경우, 무조건 열심히 기도했다고 합니다. 수술을 안 할 수도 없고, 수술해도 보장 못한다는 병이 기도 중 부처님의 목소리를 듣고 나아버렸단 말이에요. 이러한 것이 상서에 해당될 것입니다. 바로 이 법당에서 그날 하도 괴롭고 졸음이 와서 졸지 않으려고 참다가, 법문 한마디도 제대로 못 듣고 일어서면서 하소연하듯 "부처님, 저는 한마디도 못 들었습니다" 그랬는데 그 순간 부처님 광명이 확 나오는 것 같더니 그 광명 속에서 목소리가 들려 오더라는 거예요. "염려마라! 네 병 내가 돌봐준다." 그때 이후로 바로 다 나은 거예요. 그래서 X-ray를 찍어 보려니까 병원에서 수술 안 하면서 X-ray는 무엇하러 찍느냐고 안 찍어 주는데 매일 부탁해서 보름만에 찍어 보니 이상하게 깨끗해졌다고 합니다.

정진하면 결과는 있습니다. 성취는 있습니다. 성취 되는 방식은 여러 가지지만 나누는 방식은 원래 불가사의입니다. 그것들을 분석해 보면 도저히

필연적 논리로 생각할 수 없는 불가사의가 있습니다.

── 기도성취의 원리

여기서 대강 정진해서 결과가 온다는 것을 말씀드리고 그러면 어떻게 해서 성취했는가. 성취 원리를 다섯 가지로 나눠 말씀드리겠습니다.

1. 여래공덕! 부처님의 한량없는 위신력과 원력이 있어요. 『법화경』 여래수량품에 나오는 것처럼 "걸음걸음 이 중생들을 언제나 다 제도해서 법성신, 이 진리의 몸을 성취시켜 줄까? 누구든지 완전한 진리의 몸을 성취시켜 줄까? 나는 잠시도 마음을 쉬지 않노라."

부처님이 그렇게 말씀하신 것처럼 부처님의 큰 서원력, 원력에 의해서 이렇게 기도가 성취되는 것입니다. 아미타 원력도 마찬가지지요. 극락세계, 완전무결한 진리의 세계, 그 국토에 누구든지 가서 태어날 수 있도록 법장 비구, 법장 보살이 원을 세웠습니다. 그래서 마침내 그 원을 다 성취했어요. 그 나라에 태어나기를 원하고 일심으로 아미타불의 명호를 부르기만 하면 바로 그 국토에 태어난다는 거예요. 그리고 한번 그 국토에 태어나면 천상이나 복이 다하고 그 인연이 다하면 다시 타락해 다른 악도에 떨어지든지 인간계에 떨어지든지 합니다. 하지만 극락세계는 절대로 후퇴가 없어요. 바로 성불의 길로 나아가는 것밖에 없어요.

이러한 국토를 이룩해 놓고 그 국토에 가기를 일심으로 발원한 사람은 즉시 왕생하게 합니다. 이것은 바로 법장 비구 아미타불의 원력으로 되는 거

예요. 즉 진리 자체의 완전성 그것이 나타난 것입니다. 근원을 돌이켜보면 바로 "여래공덕, 여래 서원력입니다."

2. 큰 신심! 대신심이라 했고 깊은 마음이라고 했습니다. 깊은 마음이라고 하는 것은 번뇌가 없는, 병고가 없는, 장애가 없는, 대립이 없는 모두가 함께 한 진리의 세계. 그것이 깊은 마음입니다. 그러니까 여기에 도달하기 위해서 우리는 일심 정진한다고 했습니다.

3. 수행! 정진하는 마음 가운데 망령된 마음을 다 제거해 버리고 일심으로 반야바라밀을 염하고, 관세음보살을 염하고, 혹은 지장보살을 염하고, 혹은 석가모니불을 그치지 않고 염합니다. 그리고 자기 마음에 가지고 있는 어두운 것을 제거해 버리고, 미움을 제거해 버리고, 대립 감정을 제거해 버리고, 노여움을 풀어 버리고, 앙금처럼 가라앉아 있는 마음속에 있는 것을 반성해서 비워 버립니다. 이렇게 해서 깨끗이 비워 버리고 털어 버려야 공덕 성취가 오는 것입니다.

4. 보살도 실천! 보살도 단행이 중요합니다. 이럴까 저럴까 망설이다가 부처님의 가르침을 향해서, 밝은 길을 향해서 나아가는 결단을 내면 불보살님이 박수를 치고, 천상에서 꽃비를 내려 준다고 합니다. 우리는 보지 못하지만 진리의 밝은 눈은 중생들이 착한 일을 향해 용기를 내어 결단하고 움직이면 박수를 치고 꽃비를 내린다 합니다.

5. 그 보살의 길! 진리의 길로 나아가는 용기, 그 행동은 귀한 것입니다. 용기를 가지고 보살행을 단행하는 것, 부처님 법을 전하는 것이 중요합니다.

설령 상대방이 종교가 다르더라도, 그 사람도 버릴 수 없는 사람입니다. 그 사람도 성불할 사람이고, 우리와 함께 불국토를 이룩할 사람들입니다. 설사 그 사람이 종교가 다르다는 이유로 비방하고 대립해 오더라도 맞서지 말고, 그 사람을 위해 기도하고, 그 사람도 마침내 성취할 것이라고 가르쳐 줘야 합니다. 그 사람이 그 말을 한번 들어두기만 해도 언젠가는 그 종교를 졸업하는 날이 있습니다.

보살도의 실천은 우리들이 용기를 갖고 행하는 것이지만 상대방에 대해서도 지극한 자비의 마음을 가지고 상대방이 받아들이지 않더라도 지극한 자비의 마음으로 실천할 때 그 인연이 언젠가 싹이 날 것입니다.

—— 성취자의 길

그러면 이와 같이 정진해서 성취한 우리들은 어떻게 할 것인가?

첫째, 끝없이 감사한 마음으로 산다. 마음속에서 감사한 생각을 자꾸 품고 산다. 이것은 수행의 기초이며 창조생활을 하도록 도와 줍니다. 감사! 창조! 이 감사 창조의 바탕은 항상 밝은 마음, 활기찬 마음, 너그러운 마음, 자비로운 마음, 이 마음이 바탕이 돼서 항상 새롭게 희망을 일으키고 정진함으로써 그 앞에 감사하는 것이 나타납니다.

그리고 감사하는 그 마음속에 씨가 되어 꽃이 피고 열매가 열립니다. 이 소망 성취의 씨앗을 감사의 터전에 뿌립니다. 마음! 거기에 감사의 거름을 주고 그곳에 소망의 씨앗을 뿌리면 마음속에서 성장하고, 그리하여 우리 생

활 가운데, 현실 가운데 나타납니다. 마음속에 감사하는 마음을 일으킴으로써, 내가 잘 되어 우리 집안이 잘 되고 우리 이웃이 잘 되고 우리 나라가 잘 되고 세계가 잘 되는 창조가 거기서 열립니다.

둘째, 호법 발원입니다. 봉납금이 밀렸으면 해마다 새롭게 발원한다는 기분으로 다시 시작하세요. 호법은 전법이고 법등 활동입니다. 우리 불광의 법등 가족들이 일심으로 단결해서 한 가족처럼 어려움을 나누고 힘을 합해서 서로 기쁨을 배가시키는 건실한 법등으로 나아갔으면 하는 바람입니다. 그렇게 될 때 우리 불교가 새롭게 되고 우리 나라가 새롭게 됩니다. 모든 이웃이 한 형제가 되어 아픔과 슬픔을 함께 나누는 참 가족이 될 때 이 나라가 바르게 되는 거예요. 우리 불광의 법등이 올바로 정착하고 성장한다는 것. 이것은 우리 불교사에 오래 기억해야 할 일이라고 생각합니다.

셋째, 우리 한 사람 한 사람이 세간의 등불이라 생각하자. 원래 세간등이란 말은 세간을 밝게 비추는 등불이란 뜻으로서 부처님을 의미합니다. 대보살을 말합니다. 그러나 그 뜻이 세간의 기쁨과 밝음과 희망을 주는 사람, 등불입니다. 바라밀 염송을 한 사람, 내 생명 횃불같이 타오르고 있는 이 사람, 가는 곳마다 지혜와 밝음과 기쁨과 용기 성취를 주는 횃불입니다.

우리 스스로 세간등임을 자각하고 세간등 역할을 하자. 이렇게 할 때 타오르는 불빛 속에 스스로가 밝고 따뜻한 것처럼, 그 사람이 있는 이웃이 밝아집니다. 우리가 바라밀 수행을 해서 이렇게 될 때 한 사람 한 사람 기쁘고 소망 성취가 있고 가정의 행복이 이루어지고 우리 사회가 우리 나라가 잘 되

는 것입니다.

나라가 잘 되지 않고 우리가 행복할 수는 없습니다. 한 사람 한 사람의 행복을 제쳐놓고 나라의 행복은 없거니와 나라를 제쳐놓고 나 혼자만 잘 되는 것 또한 있을 수 없습니다. 우리는 원래 진리를 뿌리로 하고 있기 때문에 진리가 함께 나타날 때 잘 되는 겁니다. 우리 나라가 진리로서 평화롭게 될 때, 세계 평화를 가꾸고 세계 평화를 기원하는 나라가 될 때 우리는 영예로운 보살이 되는 것입니다.

불국토 건설은 그렇게 해서 되는 거예요. 온 인류 온 세계가 하나임을 알아서 세계가 한 꽃이고 우주가 한 생명인 것을, 그러한 종국적인 성취도 이루어야 하는 것입니다.

본래청청 본래구족

“우리는 번뇌 때문에 범부가 되었다고 한다. 그러나 실로는 번뇌란 없는 것이며 무력한 것이다. 그러므로 모두는 존중받을 자며 예경받을 자며 대지혜와 대자비가 충만한 자다. 결코 때묻은 자, 죄로 물든 자라는 생각을 버리자. 물들 수 없는 청정자라는 믿음이 우리의 마음과 행과 환경으로 청정을 나투게 한다. 우리 모두 청정진실의 행동자임을 잊지 말자.”

—회양선사

회양 스님은 혜능 스님의 법을 이은 분으로 중국 당나라 때 스님입니다. 우리 나라로 말하면 신라 문무왕에서부터 성덕, 경덕으로 이어 내려오는 4~5 대 되는 임금의 재세 기간이었습니다. 그러니까 신라가 삼국을 통일하고 만주 쪽에는 발해가 일어나고 했던 그 시절입니다.

그때 부처님의 근본 깨달음을 추궁해 들어가는 선종의 높은 산맥들이 형성되었습니다. 그 가운데 한 분이 바로 혜능 스님을 이은 회양 선사이며 그리고 회양 선사는 바로 마조 선사로 이어져서 중국 선의 고봉들을 형성해

가는 중요한 위치에 계신 스님입니다.

회양 스님이 혜능 스님을 찾아가기 전에 다른 데서도 공부를 하셨습니다. 원래 율을 공부하시다가 이렇게 겉모양이나 다듬는 수행만 할 수는 없다 해서 사방으로 선지식을 찾아다니셨습니다. 어떤 스님인지 지금 기억은 안 나지만 어느 스님한테서 공부를 하다가 깊은 깨달음이 있었던 분입니다.

그런데 그 어른이 혜능 스님을 찾아갔습니다. 처음 뵈었을 때 혜능 스님이 묻습니다.

“어디서 왔느냐?”

“숭산이라고 하는 데에서 왔습니다”

“어느 물건이 이렇게 왔느냐?”

그 말 앞에 꽉 막혀버렸습니다. 절벽에 맞닥뜨린 것과 같이 막혀버렸습니다. 아무 대답을 못하고 혜능 스님 곁에서 8년 동안 공부했다고 합니다.

그후에야 비로소 이르기를 “제가 알았습니다.”

“뭘 알았단 말이냐?”

“설사 한 물건이라 하더라도 맞지 않습니다.”

이 말씀은 좀 기억해 둘 필요가 있습니다. 어느 물건이 이렇게 왔느냐 하는 이 물건에 대한 추궁에서 마침내 그가 궁극적으로 도달한 것이 ‘한 물건이라 할 수도 없다’ 는 대답입니다.

“그것은 닦고 증득할 것이 있느냐?”

“닦아서 증득하는 것이 없지는 아니하나 오염될 수는 없는 것입니다.”

그때에 혜능 스님이 "이 오염될 수 없는 자, 때묻을 수 없는 자, 더럽힐 수 없는 그것이 모든 부처님께서 아끼시는 바이다. 네가 이미 그러하고 내가 그러하다. 인도의 역대 조사가 또한 그와 같다"라고 말씀하십니다.

닦을 것이 없다는 것은 마니주에 비유할 수 있습니다. 마니주가 진흙 속에 빠졌더라도 진흙을 씻으면 마니주는 변함이 없는 보주입니다. 씻어서 이루어진 것이 아니며, 더 닦아서 얻어진 것도 아닙니다. 문제는 흙탕물을 씻어낸 것에 불과합니다. 이건 하나의 비유입니다. 원래 이 자리는 말이 끊어진 자리이고 생각으로 이를 수 없는 자리이지만 부득불 우리가 말로써 이해하기 위해 이런 말을 잇는 것입니다.

이 비유에서 보는 것처럼 구슬 자체는 이미 이루어진 것이어서 닦아서 얻은 것이 아닙니다. 태양의 경우도 마찬가지입니다. 지금 창문을 열어서 햇빛이 들어왔다고 하면 창문을 열어서 햇빛이 생긴 것이 아니라 햇빛은 원래브터 거기 빛나고 있었습니다. 여기에서 우리들은 이 물들지 아니한 자, 때묻을 수 없는 자, 이것은 본래 변치 않는 물건이다 하는 것에 대해서 먼저 관심을 가져야 하겠습니다. 이 때묻을 수 없는 자, 이것은 역대 조사의 것, 혜능 스님의 것, 회양 스님의 것, 일체 중생의 것입니다.

—— 만인의 본래상

태양은 어떤 사람의 소유가 아닙니다. 지금 용성 스님 생각이 납니다. 저가 어록에서 봤는데, 용성 화상께서 중국의 금산사인가 어떤 절에 갔을 때

의 일입니다.

"어디에서 왔는고?"

"한국 땅에서 왔습니다."

"한국에도 스님들이 있는가?"

"많이 있다."

"언제 한국에 우리 중국의 불법이 건너갔던가?"

그러니까 용성 스님이 허허하고 웃었다고 합니다.

"왜 웃는가?"

"하늘의 태양이 중국 너희 것이냐?"

그래서 그 사람의 말이 막혀버렸다는 말이 있습니다. 마찬가지입니다. 이 때묻을 수 없는 이것은 만인의 본분 실지를 드러내 보인 것이고 회양 스님에게서 발견되었다고 하는 것은 그대로 만인에게 있는 본래상을 보여준 것이라고 하겠습니다.

그건 그렇고 원래 이 부분은 생각과 말로 백 번 해봐야 허물밖에 될 것이 없기 때문에 더 말을 하지 않겠습니다.

그러면 이 때묻을 수 없는 자, 물들 수 없는 자 이것이 어떤 것인가 하면 그 자체는 바로 각자覺者의 것입니다. 눈은 눈이 있는 것을 의심하지 않고, 머리는 머리가 있는 것을 의심하지 않는 것처럼 머리 위에 또 머리를 그린다거나 눈 위에 또 눈을 그려놓고 눈이 있다고 한다면 그건 진실을 본 것이 아닙니다. 눈으로 눈을 봤다고 하면 그건 거짓 눈입니다. 왜냐하면 대상화될

수 없는 것이기 때문입니다. 원래 주체적인 존재이고 절대적인 존재인데 절대 주체적인 존재를 봤다고 하면 대상화된 것입니다. 눈이 눈을 본 것이고 머리 위에 또 머리를 그린 것이다 그렇게 보아지는 것입니다.

다만 여기서는 오염될 수 없는 자, 때묻을 수 없는 자, 이 불멸인 생명의 빛 자체에 대해서는 각자의 것으로 대상화되고 논의될 수 없는 것이어서 그가 가지고 있는 효능을 설명할 수밖에 없습니다. 자체는 말하지 못하고 보지도 못하고 자체가 나타나는 그림자만 말하고 짐작하는 것입니다. 그 그림자가 무엇인가 하면 『반야심경』에는 이렇게 말씀되어 있습니다.

'불생불멸 불구부정 부증불감不生不滅 不垢不淨 不增不減, 나지 않고 멸하지 않고 본래 청정하여 때묻을 수 없고 다시 더 맑아질 수도 없고 더할 수도 덜할 수도 없는 완전무결한 것이다.'

영원하며 무한하며 변치 않는 것, 무량공덕이 스스로 갖춰져 있는 무진장의 보고, 그것은 전일적이며 전성적인 것이기 때문에 거기에 대해서 여러 말을 해봐야 다 형용이 되지 않습니다. 다만 그림자에 대해서 형용을 할 뿐입니다.

—— 본래 청정 본래 구족

말하자면 물들 수 없고 결코 오염될 수 없다고 하는 이것은 그대로 우리 만인의 생명이며 우리가 항상 공부하는 바라밀입니다. 완성자, 성취자, 원만구족한 법성 진여 그 자체입니다. 그렇기 때문에 이것을 봤던 혜능 스님은

말씀하십니다. 혜능 스님이 오조 스님의 법문을 듣고 깨달았을 때 '일체만법一切萬法이 불리자성不離自性, 일체 만 가지 현상이 자기 성품을 여의지 않았다'라고 했습니다. 이건 자기 본 경계에 대한 설명입니다. 바로 보는 자신과 보아지는 대상이 따로가 아니고 한 쪽으로서 온 우주가 드러나는 것이고, 온 우주 이전이 확 뚫려 버린 것입니다.

바로 때묻을 수 없고 물들 수 없는 이 한 물건을 깨달았을 때 이 한 물건을 획득했을 때 혜능 스님은 소리치십니다.

'하기자성 본자청정何期自性 本自淸淨, 어찌 나의 성품이 본래 스스로 청정함을 알았으리까.'

'하기자성 본불생멸何期自性 本不生滅, 어찌 나의 자성이 생멸이 없음을 알았으리까.'

'하기자성 본자구족何期自性 本自具足, 어찌 나의 자성이 본래 스스로 구족함을 알았으리까.'

'하기자성 본무동요何期自性 本無動搖, 어찌 나의 자성이 본래 동요가 없음을 알았으리까.'

'하기자성 능생만법何期自性 能生萬法, 어찌 나의 자성이 능히 만법을 냄을 알았으리까.'

본래 청정하며 본래 생멸이 없으며 본래 만법이 구족하고 동요가 없고

만법을 내는 능동적인 권능, 절대적인 권능, 원만구족한 권능, 그것이 원래 내 생명임을 어찌 알았겠습니까? 하는 뜻입니다. 그 제자 회양 스님이 때묻을 수 없고 오염될 수 없다고 한 마디로 표현한 것을 그 스승님은 당신이 깨달았을 때 이렇게 그 감격과 감동을 여러 말로 표현했습니다. 이것은 그대로 우리 모두의 실제 생명이며 생명의 진실에 눈떴을 때 외치는 소리입니다.

그 말씀 아래 홍인 스님은 혜능 스님이 깨달으신 것을 아시고 '천인사불天人師佛'이라고 인가하셨다는 얘기가 『육조단경』에 나옵니다. 때묻을 수 없고 오염될 수 없다고 하는 이것이야말로 일체 존재의 근원이고 근본 실체이며 절대적인 주체입니다. 일체 성취의 권능이고 일체 대립을 극복하여 조화를 이루는 근원이며 온갖 힘의 원천입니다.

어둠과 불행이 닥쳐오면 그 앞에 어두운 마음이 되어 흔들리고 그렇게 해서 흔들리는 어두운 마음이 다시 새로운 불행을 낳습니다. 그러나 반야바라밀 수행을 통해서 그러한 것에 물듦이 없고, 흔들림이 없는 그 밝음을 지켜갈 수 있는 힘을 길렀다고 생각합니다. 부디 이 정진으로 이와 같이 쌓은 힘이 마침내 본인뿐만 아니라 온 법계를 밝히는 큰 힘이라는 것을 우리 자신은 다시 깨달아야 하겠습니다.

—— 마음을 맑히고 반야바라밀을 염하라

무엇이 번뇌인가? 형상을 보고 대상을 보며 마음 가운데서 부질없이 생각을 일으키는 것입니다.

그러면 어떻게 번뇌를 제거할 것인가? 번뇌가 없는 것을 아는 것이 진짜 제거하는 것입니다. 이것은 반야에서 그렇습니다. 반야지혜를 모르는 사람은 그렇지 아니합니다. 몇 백겁 몇 억겁을 닦아야 한다고 합니다. 그렇기 때문에 『금강경』 10분에도 이와 같은 말씀이 있습니다. "마땅히 이와 같이 청정한 마음을 낼지니 마땅히 형상에 머물러서 마음을 내지 말고, 마땅히 색성향미촉법色聲香味觸法에 머물러서 마음을 내지 아니하고 응당 머문 바 없이 그 마음을 낼지리라."

여기서 색이 무엇이고 성향미촉법이 무엇인가 하면 대상 경계입니다. 마땅히 일체 상을 여의기 위해서 온갖 노력을 합니다. 염불도 하고 여러 가지 수행을 합니다.

그러나 필경 상相은 무無입니다. "무안이비설신의 무색성향미촉법 무안계내지무의식계無眼耳鼻舌身意. 無色聲香味觸法 無眼界乃至無意識界."

『반야심경』의 가르침과 같이 육근, 육진, 십팔계가 본래 무입니다. 무인 것을 알았을 때는 찬란한 태양광명을 본래 여의지 않았던 그 자성을 확인하는 것입니다.

우리 형제들이 이와 같이 일체 상을 여의고 일체 경계를 여의었을 때 마치 창밖의 태양이 찬란한 것처럼, 내 생명 겉껍질에 돌고 있던 이제까지의 망념 구름이 무인 것을 알 때 바로 자성광명은 빛나고 있음을 의심하지 않는 것입니다.

그렇기 때문에 우리는 반야바라밀 수행을 할 때 끊임없이 반야바라밀을

믿고 자성광명을 믿고 자성의 청정과 자성의 원만과 자성의 대지혜와 자성의 구족을 끊임없이 믿고 행해야 합니다. 깊이 자성공덕을 긍정하고 자성공덕에 의심을 두지 아니하고 깊이 믿고 행동하며 바라밀행을 전개하여야 합니다.

육조혜능 조사도 맨 처음 법문하실 때 첫째 법문이 "마음을 맑히고 반야바라밀을 염하라." 그리고 한참 계시다가 "깨달음의 이 성품이 본래 청정하니 다못 이 마음을 써라. 곧 성불해 마치리라"고 하셨습니다. 마음을 맑히는 것은 모든 생각을 쉬는 것입니다.

우리 형제들, 다행히 이번 50일 정진을 원만히 잘 하셨습니다. 간밤에도 300여 명이 철야를 하면서 천 배를 하시고 일심정진을 했습니다. 아마 이 정진력은 식지 않고 계속되어서 이 겨울을 덥히고 나아가 새 봄의 찬란한 태양을 온 누리에 가져올 수 있는 큰 원을 모두 성취할 것으로 믿습니다.

부처님

본래 우리는 이미 성불한 존재다.

만인이 부처님으로서 존경받아야 될 사람들이다.

남한테 존경받아야 할 뿐만 아니라 자기 스스로도 긍지를 가져야 한다.

그렇게 믿고 알고 회향함으로써 완성의 길을 간다.

끊임없이 올바른 믿음과 회향을 통해서 그것을 실현해 가야 한다.

만인은 모두가 부처님이다.

부처님 오신 날의 기쁨

부처님 오신 날이 며칠 남지 않았습니다.

그동안 우리 형제들이 전법을 통해서 혹은 법등 활동을 통해서 부처님 오신 날의 기쁨을 이웃에게 전하시느라고 많이 정진하고 계시리라 생각합니다. 또 최근에는 다들 이곳에 모이셔서 연꽃잎을 비비고 연등을 만들고 정말 깊은 정진을 하시느라고 다들 고생이 많으십니다.

부디 부처님 오신 날을 계기로 정말 부처님이 오신 기쁨을 온 이웃에 전해 주는 것에 대해서 특별한 관심을 가지고 노력해야겠습니다. 이웃에게 부처님 오신 기쁨을 전해 주며 또 우리의 환경이 부처님 오심을 맞이하는 그런 기쁜 환경이 되도록 서로 힘써야 하겠습니다.

『열반경』의 말씀 가운데, "부처님의 탄신은 어두운 밤중에 횃불을 들고 나타나신 것"이라고 한 곳이 있습니다. 정말 고난과 불행과 어둠 속 외로움에 시달리고 있는 범부 중생 앞에 부처님은 진리의 횃불을 들고 나타나시어 우리들의 모습을 비춰 주시고, 우리의 재능과 능력을 열어 주시고, 우리가 살고 있는 마당이 우리 한 사람 한 사람 외롭고 대립된 존재가 아닌 참으로

따뜻하고 화목하고 서로 엉겨있는 존재라는 사실을 보여 주셨습니다.

부처님이 오셨다고 하는 것은 이와 같이 진리에 어두운, 사는 길에 어두운 우리에게 진리를 가르쳐 주시고 참으로 우리 생명을 값있게 키울 수 있는 길을 가르쳐 주신 빛으로 오셨다는 점을 우리가 생각한다면 이 기쁨은 우리들 가슴속에서 먼저 받아서 감사해야 할 것입니다.

우리의 이웃에게도 이 소식을 전해서 우리 한 사람 한 사람으로 하여금 값있는 인생, 능력있는 인생, 그리고 희망과 큰 꿈을 성취시킬 수 있는 행복한 인생이라는 것을 전해 주어야 하겠고, 서로가 한 형제이고 한 이웃이고 한 핏줄이라고 하는 따뜻한 신뢰와 우정과 존중과 협동이 행해지도록 노력해야 하겠습니다.

—— 영원한 현재의 부처님

부처님은 아시다시피 정법계신, 즉 진리의 몸이십니다. 법 자체이십니다. 그렇기 때문에 법이 둘이 있을 수 없고 진리가 둘이 있을 수가 없습니다. 부처님이 둘이 계실 수가 없습니다. 오직 한 부처님일 뿐입니다. 다만 이름이 여러 가지 있을 뿐입니다.

아미타불, 약사여래, 보승여래 등등 수많은 부처님이 있어도 그것은 때와 사람에 맞춰서 중생에게 보이신 모습일지언정 그것은 겉 거짓된 모습입니다. 그 근원인즉 오직 부처님이 있을 뿐입니다. 법이신 부처님이 있을 뿐입니다.

이 부처님께서 대비이신 까닭에 중생을 제도하기 위해서 온갖 방편으로 나투십니다. 수많은 과거 역사 속에서 중생에게 몸을 바치고 혹은 깨닫게 하시느라고 수고하신 과거 일들이 나타나고, 그 사이에는 어느 부처님도 계시고, 또 연등부처님도 계시어서 어떠어떠한 사람에게 "미래에 성불해서 너는 석가모니불이라고 하리라" 할 정도로 수기를 주시는 일도 벌어지지만 그러한 연등불조차도 근원인즉 석가모니불입니다.

진리가 둘이 없고 부처님이 진리이고 법인 까닭에 오직 한 부처님이 있을 따름입니다. 부처님께서 대자비인 까닭에 수많은 모습을 보이셨습니다.

이렇게 이해가 될 때, 부처님이 나시고 부처님이 멸도에 드시고 하신 것이 다 무엇인가. 원래 나고 멸함이 없는 완전한 그리고 영원한 현재로서의 부처님뿐입니다. 달리 있을 수가 없습니다. 그런데도 불구하고 나심이 없고 가심이 없다는 것은 무엇인가.

영원한 현재의 부처님, 영원히 자비한 부처님, 이 부처님이 모두의 생명의 뿌리임을 모르는 까닭을 알게 하기 위해서, 그들이 보고 그들이 알 수 있는 거리에, 알 수 있는 모습으로 나타나시려니까 오시는 것이 있고 가시는 것이 있고 그 가운데에 수행도 있고 설법도 있고 열반의 모습도 있는 것입니다.

── 중생교화를 위한 방편시현

우리가 알고 있기로는 여러 부처님이 나오지만 그 가운데 칠불에 대한 얘기가 부처님 역사 가운데 자주 등장합니다.

제일 비바시불, 제이 시기불, 제삼 비사부불, 제사 구루손불, 제오 구나함모니불, 제육 가섭불, 제칠 석가모니불. 이 부처님들조차도 하나의 진리가 부처님이라고 생각할 때는 중생을 교화하기 위한 시현이었다고 이해할 수밖에 없습니다. 이 말씀은 『법화경』에서 명확하게 말씀하셨습니다.

석가모니 부처님은 도솔천에 호명보살로 나시기 전에 가섭불 부처님의 회상에 머무셨고, 거기서 지내시면서 계율을 청정하게 지키고 끊임없이 수행을 닦으시다가 도솔천에 나셨습니다. 이 도솔천은 욕계천의 한 하늘입니다. 우리의 마음상태에 근거하는 이 인간세계, 이 지구가 이렇게 나타나 보이지만 우리 마음상태가 바뀌면 바뀐 세계가 또 나타나는 것입니다.

보다 밝고 보다 착하고 보다 안정된 마음상태를 가지고 있을 때, 인간보다 초월한 마음상태를 가지고 있을 때 초월한 세계가 나타나며 그 초월한 세계가 천상입니다. 그러니까 천상에도 정도의 차이에 따라서 여러 가지 차별이 있습니다. 근본적으로 탐욕심과 같은 욕심이 뿌리가 되어 있는 중생, 그 욕심이 담박하고 자기중심이 아니라 이웃과 함께 하는 그러한 좋은 마음, 착한 마음을 가지고 있는 부분이 많은 사람들이 천상에 태어나며 천상에도 그에 따라서 차별이 벌어집니다.

그리고 그 욕심이 심할 때는 인간 이하의 축생도 되고 또 욕심이 담박하면 천상도 되는 것입니다. 그 가운데 도솔천은 인간계를 중심으로 인간보다 가까운 천상은 사왕천이라 하고, 그보다 위는 도리천이라 하고, 그 위는 야마천, 그 위가 도솔천, 그 위가 화락천, 또 그 위가 타화자재천, 욕계 육천이

그렇게 되어 있습니다. 그러니까 제4천이 도솔천입니다.

—— 놓아라, 놓으면 태양이 네 가슴에 안긴다

부처님의 최초 설법 양태는 범부들이 보고 있는 그릇된 견해를 바로 잡아주는 것입니다. 바로 인간이 살고 있는 환경, 물질, 조건 등, 이런 것들이 어떠한 성질의 것인가 하는 것입니다.

세상 사람들은 육체가 전부이고, 물질이 전부이고, 환경이 전부이고, 거기에 영원한 가치가 있는 것처럼 골몰하고 살다가 마침내 허무를 안고 인생을 떠납니다. 그런데 부처님께서는 이러한 세간적인 평가에 대해서 지혜의 눈으로 분명히 파헤치십니다.

우리들이 알고 있는 이 몸이라고 하는 것, 우리가 보고 있는 가치라고 하는 것, 우리가 알고 있는 물질적인 환경이 절대적인 것이 못 된다는 것을 부처님은 설명하십니다.

"모든 것은 변하는 것이고, 어떤 것이든 절대적인 실체는 없는 것이고, 그것은 끊임없이 변하는 것으로서 고苦를 상반하는 것이다."

부처님의 이와 같은 가르침은 부처님이 깨달은 바 내용을 설명하는 것이 아니고 부처님이 깨달으신 지혜의 눈으로 보신 바 인간의 세계, 범부의 세계에 대한 평가입니다.

그래서 우리가 보고 있는 물질적인 것, 감각적인 것, 현상적인 것, 이것은 "실로 무無다" 하고 말씀하십니다. 무라고 하는 데서부터 우리가 보는 감

각적이며, 현상적이며, 물질적이며, 육체적인 것에 사로잡혀 있는 상태에서 해방시키고자 하는 것입니다. 구름에 가려서 캄캄한 데 헤매고 있다가 구름을 제거해 버리면 푸른 하늘이 확 그에게 안기는 것입니다.

그런데 그 푸른 하늘의 세계를 모르고 '무' 라고 했다고 불교는 무를 가르치는 종교니, 허무를 가르치는 종교니, 세간을 고苦라고 해서 비관적인 성격을 가지고 있는 종교니 하는 것은 부처님께서 말씀하시는 뜻이 무엇인가를 모르고 하는 생각입니다.

구름이 벗겨지면 푸른 하늘이 나타나며, 태양이 빛나는 것은 그의 것입니다. 그런데 불행히도 우리들은 보지는 않고 생각으로만 꾸며서 알려고 합니다. 무인 줄 알아서 가슴속의 집착을 다 놓아버리면 밝은 하늘이 나타날 텐데 놓지 않고 무라고 생각하는 사람에게는 '놓아라, 놓으면 태양이 네 가슴에 안긴다' 하고 설명해 줍니다.

이와 같이 현상적인 세계의 부정을 통해서 무無니 공空이니 하는 생각에 집착되어 있는 사람들에게 무와 공의 실상이 무엇이다 하고 일러주고 있는 것이 여래장경의 말씀입니다.

"태양이 내 생명의 진실이다. 우주에 진실한 존재는 진리밖에 없다. 진리의 강물이 그대의 생명 가운데 흐르고 있느니라. 진리가 넘치고 있는 그 실상이 너의 참 모습이요, 그 외에 네가 보고 있는 것은 허무한 그림자다. 그림자에서 벗어나라. 벗어날 때 진실한 광명이 너의 생명에서 넘친다."

이렇게 해서 정말 진실한 모습을 우리 생명에서 보도록 다시 설명해 주

시는 것이 이 법문입니다. 이 법문에 대해서는 대체적으로 연꽃의 비유로 나와 있습니다.

"연꽃이 피고 잠시 머물다 시들어서 떨어진 자리에 부처님이 앉아서 광명을 놓고 있다. 이 부처님은 연꽃이 핀 다음에 여기 있는 것이 아니라 연꽃이 피기 전에도 거기 있고, 연꽃이 머무를 때도 거기 있고, 연꽃이 다 시들어서 떨어진 다음에도 거기 있어서 이 부처님은 불멸이다."

그렇게 설명하시면서 "그와 마찬가지로 부처님의 눈으로 보건대 일체 중생이 모두가 그와 같다. 부처님의 지혜의 눈으로 보면 범부들이 겉으로는 탐·진·치 삼독, 모든 번뇌에 사로잡혀 있지마는 그 속에는 부처님의 지혜와 부처님의 눈과 부처님의 몸이 온전히 갖춰져 있다. 그래서 엄연부동하다"는 것입니다.

—— 일체 중생의 근본 실상

범부가 됐다고 해서 중생이 됐다고 해서 조금도 변질되거나 손상되거나 때묻지 않았습니다.

그래서 비록 지옥, 아귀, 축생, 인간, 천상 온갖 취聚로 돌아다녔다 하더라도 그 자신에게는 반야바라밀 여래장, 부처님의 경계, 부처님의 세계가 조금도 때묻지 않고 물들지 아니해서 온전한 덕상이 완전하게 갖추어져 있습니다.

부처님께서는 한 사람 한 사람을 보면서 나와 같아서 다를 바가 없다고

하셨습니다. 당신의 지혜의 눈으로 보니까, 반야의 눈으로 보니까, 물질과 육체와 감각의 겉껍데기를 투시해 보건대 인간 한 사람 한 사람 깊이 속에는 이와 같은 진실한 모습이 엄연부동하다 하셨습니다.

바로 인간뿐만 아니라 일체 중생의 근본실상이 무엇인가를 보여 주는 것이고 "인간이 무엇이다. 참으로 있는 존재 만유의 근원이 무엇이다" 하는 이것을 보여 주는 것이며, 인간의 속박과 한계 가운데서 고뇌에 사로잡혀 있을 때 여기서 벗어나서 해탈하는 길을 보여 줍니다.

이와 같이 이 가르침은 "내가 무엇이다" 하는 인간의 진실을 가르쳐 줄 뿐만 아니라 "인간이 어떻게 살아야 한다"는 살 길을 가르쳐 줍니다.

—— 왜 진실하게 살아야 하는가

우리들은 당위의 법칙을 소중히 생각합니다. 부모님을 공경해야 한다, 평화를 존중해야 한다, 사회질서를 지켜야 한다, 해야 한다 해야 한다, 하지 않으면 안 된다 하고 당위를 말합니다. 당위의 근거가 무엇인가, 왜 존중해야 하는가, 왜 평화를 지켜야 하는가, 왜 서로 질서를 지켜야 하는가, 왜 그래야 하는가 하는 문제에 대해서는 해답은 없습니다.

그렇게 지키면 가정이 평화롭고, 그렇게 지키면 세상이 평화롭고, 그렇게 지키면 인격이 평화로워진다고 하는 공리적인 타산이 나올지 모릅니다. 그러나 부처님은 그것이 아닙니다. 어떻게 해야 한다에 앞서서 어떻게 존재하느냐가 중요합니다.

내가 금덩어리인 까닭에 그 금덩어리가 금덩어리의 행세를 하고, 금덩어리의 가치를 누려야 하는 것처럼 내가 부처의 종자, 부처의 신력, 부처의 권위, 부처의 모든 위력을 스스로 지니고 있기 때문에 부처답게 살아야 할 권리가 아니라 의무가 있는 것입니다. 원래 부처님의 가르침의 성격이 그런 것입니다.

'왜 진실하게 살아야 하는가' 하는 내용에서부터 '진실이 무엇이다' 하고 '왜 그것을 지켜야 하느냐' 하는 근본적인 것을 당위에 앞서서 해명함으로써 그와 같이 존재하기 때문에, 그런 것이기 때문에 그렇게 되어야 한다고 하는 당위가, 논리의 법이 거기서 나오는 것입니다. 원래부터 있는 진실상을 해명하는 것이 부처님의 진리입니다.

우리 모든 사람이 이렇게 완전무결한 부처님의 공덕을 지니고 있는 자이기 때문에, 완전무결한 금덩어리인 까닭에 금덩어리답게 고귀하게 살아야 하고, 고귀하게 대접받아야 하고, 고귀한 세상을 꾸며야 하는 것입니다.

자기를 분명히 앎으로써 자기가 나아갈 길이 거기서 나타나고, 자기의 참된 진리의 존재를 앎으로써 우리와 더불어 살고 있는 사회와 역사가 어느 방향으로 가야 하는지 열립니다.

만약 인간 자신, 인간의 생명의 뿌리, 진실한 모습, 그것을 알지 못하고 바깥에 가치를 설정해 놓고 그것을 따라가야 한다고 하는 것은 인간은 우상이고 인간은 노예밖에 안 되는 것입니다. 어떤 절대 가치가 있어서 바깥에 정해 놓고 그 바깥에 정해진 대로 따라가야 한다고 하면 인간은 뭐하는 거냐

는 것입니다.

불법佛法은 그런 것이 없습니다. 그런 것은 당연히 부정합니다. 절대 권위, 절대 권능은 인간 자신이 보유하고 있습니다. 인간의 신성과 인간의 존엄, 절대적인 근거가 이런 데서 나오는 것입니다. 우리 형제들은 이와 같이 모두가 귀하게 살고, 모두가 귀하게 존중받고, 귀한 사회, 귀한 국토, 귀한 역사를 만들어 가는 주인공들입니다.

경전에 보면, 높은 암벽 바위에 솟아난 나무에 꿀벌이 집 지은 얘기가 비유로 나옵니다. 겉으로 봐서는 꿀벌이 와글와글합니다. 그 속에는 꿀이 가득 들어 있어서 누구든지 지혜 있는 사람이 벌을 쫓아내고 그 꿀을 따서 자기도 먹고 남도 즐길 수 있다는 것입니다. 마찬가지로 겉으로는 꿀벌이 번뇌망상 삼독심이 부글부글 끓는 범부중생인 듯이 보이지마는 그 속에서는 꿀과 같은 여래장, 즉 부처님의 공덕장 세계가 많이 갖춰져 있기 때문에 누구든지 좋은 방법을 써서 벌을 쫓아서 꿀을 따는 것처럼, 번뇌망상을 쉬고 삼독심을 쉬어서 부처님의 지견知見을 열라고 합니다.

여기서 우리가 알 수 있는 것은 벌을 그대로 두고는 꿀을 구할 수 없는 것처럼 역시 우리들 세상 가운데 있는 부처님의 지견, 부처님의 공덕세계를 열려면 마땅히 삼독심을 제거해야 한다는 것입니다.

"일상생활 가운데서 탐심, 성내는 마음, 어리석은 생각들, 이러한 삼독

심을 먼저 제거하라. 그래서 평화로운 마음, 번뇌가 다한 마음을 닦아서 진실한 자기의 불지견佛知見을 열도록 하라."

그러면 어떠한 방법으로 벌을 쫓을 것인가, 어떻게 해서 삼독을 멸할 것인가. 그 대답은 우리 형제들이 잘 아실 것입니다.

우리들은 가난하고 무능해 보여도 사실은 부처님께 물려받은 많은 재산을 자기 몸 안에 지니고 있는 부잣집 자매들입니다. 정말 행복하게 넉넉하게 남에게 주고 돕고 살 숙명을 타고난 사람입니다. 그렇게 해서 우리들은 항상 남에게 널리 이로움을 줄 수 있는 자신에 대한 긍지를 가지고 살아야 하지 않겠는가 하는 생각을 다시 해봅니다.

◉

생사가 없는 길, 출가

부처님 출가의 직접적인 계기는 사문유관상이라는 데서 찾아볼 수 있습니다. 다들 아시는 바와 같이 어린 싯다르타 태자가 동산에 나가게 되었는데, 하루는 동문으로 나가고, 한 번은 남문으로 나가고, 한번은 서문으로 나가십니다.

동문에서 노인, 남문에서 병자를, 서문에서 장례행렬과 부딪칩니다. 이 부딪침은 인간이 나고 늙고 병들고 죽는 것에 대해 만인이 똑같이 안고 있다는 사실을 당신이 모를 리 없었지만 그 사건을 계기로 해서 정녕 당신 자신에게 숨겨져 있는, 즉 우리 모두에게 숨겨져 있는 죽음을 관념적으로 만나는 것이 아니라 직접 부딪치는 것입니다.

늙음과 병듦, 죽음이 지금 나와 함께 있다는 것입니다. 나는 무너지고 허물어지고 병들고 죽어가는 과정 가운데 매여 있다는 것입니다. 이것을 아는 것이 아니라 당신 자신이 무너지고 있는 것으로서 부딪치는 것입니다.

싯다르타 태자는 장례행렬을 보고서 바로 당신의 것으로 느낍니다. 그래서 "이 문제를 해결하지 않고 어떻게 덤덤히 그냥 살까 보냐" 하고 깊은 고

뇌에 빠집니다. 아무도 그 길을 벗어날 길이 없습니다. 그리고 칠일이 지나서 북문 밖을 나갑니다. 역시 북문을 통해서 동산에 바람 쐬러 가십니다. 그런데 북문 밖에서 뜻밖의 사람을 만납니다.

공거천의 화현이라고도 합니다만 하여튼 출가하신 스님입니다. 옷은 붉은 색의 가사를 입고 머리와 수염은 깎고, 바른손에 석장을 짚고, 왼손에 발우를 드신 스님을 만납니다. 그리고 그 스님이 출가수도하신 분인 것을 알고 그분과 대화를 합니다.

—— 해탈의 길은 무엇인가

스님과 대화하는 가운데서 문제 해결이 나옵니다.

'모든 것은 허망하고 끊임없이 변해간다.' 거기까지 느낍니다. '어떻게 여기서 벗어날 것인가. 해탈의 길은 무엇인가.' 그것을 거기서 알게 됩니다. 감각을 조절하고 번뇌를 쉬어서 그리고 마침내 죽어가는 저 중생들의 목숨을 살릴 것을 언제나 생각합니다. 출가인의 길, 출가인의 자세를 거기서 보게 됩니다.

그때까지는 수레를 타고 가다가 아마 수레 위에서 대화를 했던 모양입니다. 그 말을 듣고는 수레에서 내려 그 스님께 삼잡(오른쪽으로 세 번 도는 것)을 하고 나서 이마를 땅에 대고 절을 하셨습니다. 무상에서 탈출할 수 있는 길, 죽음에서 벗어날 수 있는 길, 불사의 땅, 즉 죽지 않는 땅이 있다는 것을 그 스님의 말씀을 통해서 알게 되었습니다. 제가 추측한 바로는 2월 8일 새벽에

출가하셨다고 하면 그 전날, 늦어도 이틀 전쯤인 6, 7일경이 아닌가 생각합니다.

그 길로 동산이고 놀러가는 것이고 다 중단하고 왕궁으로 돌아옵니다. 돌아오면서 생각은 그것뿐입니다.

죽음이 없는 땅, 죽음을 넘어선 땅, 일체 고뇌가 말라버린 땅, 열반.

'나는 열반으로 나아가리라.' '나는 열반을 증득하리라.' '열반에 머무르리라' 고 마음속에 다짐합니다. 궁중에 막 수레를 타고 들어오려고 하니까 녹녀라고 하는 궁녀가 화려하고 당당하게 왕궁으로 돌아오는 태자의 모습을 노래합니다.

"정반왕님은 기쁘실 것입니다. 마하파자파티 왕후님은 기쁘실 것입니다. 궁중에는 많은 여인들이 있지만 아무도 태자의 마음을 잡지 못하리."

그렇게 읊었다는 기록이 있습니다만 어쨌든 바깥사람에게 어떻게 보이든 태자는 마음속으로 떨고 있었습니다. 온몸을 흔들었다고 했습니다. 죽음을 터트릴 수 있는 길, 해탈의 길이 있다는 것을 알고 그 길로 마음을 정해버린 것입니다.

'열반으로 나아가겠다. 열반을 증득하겠다.'

나무에 기름을 부어서 불을 지폈을 때 그 연료가 다 타버리고 나면 거기 남는 것이 없습니다. 번뇌가 다 타버리고 번뇌가 다 말라버리고 번뇌가 다해서 번뇌가 아주 없어진 상태, 그것이 열반입니다. 번뇌가 끊어진 상태가 번뇌가 없는 진실의 땅입니다. 생사고뇌와 불행 그 모두가 번뇌가 종자라면 생

사고뇌, 불행이 다 말라버린 땅입니다. 완전한 진리의 평화와 진리의 완전과 진리의 기쁨만이 풍만한 그 땅, 그것이 열반입니다.

—— 생사가 없는 법을 구하리

싯다르타는 이렇게 해서 왕궁으로 돌아갑니다. 돌아가면서 스스로 열반을 증득하고 모든 중생에게 생사가 없는 법, 생사가 없는 약, 불사약인 감로를 베풀어야 한다고 다짐합니다.

'이 중생을 어떻게 건질 것인가.'

중생과 더불어 중생의 고뇌를 항상 생각해 오셨던 것은 북문 밖에서 만났다고 하는 스님에게서 나옵니다. 언제나 '어떻게 하면 저 중생들의 목숨을 살리리' 하고 생각합니다. 대자비, 모든 사람의 괴로움을 삭제하는 그러한 자비, 그것이 출가의 뜻과 함께 있었다는 것을 알 수 있습니다.

왕궁에 돌아와서 정반왕에게 말합니다.

"저는 출가하고자 합니다. 열반을 구하고자 합니다."

그 아버지가 끝끝내 허락하지 않습니다.

"젊었을 때는 세간락을 즐기고 나이 들어서 그때 가서 수행하면 되지 않겠느냐?"

그러나 싯다르타 태자는 거기에 대해서 이렇게 말씀을 드립니다.

"저의 뜻은 막을 수가 없습니다. 집에 불이 붙었는데 불이 붙은 집에서 뛰어나오고자 하는 것은 정상적인 사람(경에는 건인, 즉 건강한 사람이라고 적혀 있습

니다)입니다.

"집에 불이 붙었다. 내 몸에 불이 붙었다."

다른 사람들은 불이 붙은 것을 모르고 그냥 지내지마는 당신은 그것을 보신 것입니다. 그래서 거기서 뛰어나오려고 하는 당신의 그 뜻을 막을 수 없다는 것입니다. 만나면 헤어지는 것이지요. 그리고 또 할 일은 많이 남아 있는데 해가 저문다고 하면 어떻게 서둘지 않겠습니까?

몇 가지 비유를 들어가면서 부왕 정반왕에게 그 말씀을 드립니다. 정반왕은 국사의 아들인 우다이라고 하는 싯다르타 태자의 친구를 불러서 "젊었을 때 즐기고 나이 먹어서 도를 닦아도 괜찮지 않겠느냐? 어떻게 하든지 출가를 막아라"고 합니다. 그것은 그 당시에 수행이 얼마나 형식적이었는가를 알 수 있습니다. 우다이가 가서 말합니다.

"젊었을 때 즐기고 출가는 늦게 해도 되지 않겠는가? 그러니까 세간락을 즐기며 세간에서 살자."

그러면서 막습니다.

"나도 세간에서 즐기고 싶다. 그렇지만 생로병사, 즉 늙고 병들고 죽음이 있다고 하는 이것이 해결되지 않고는 어떻게 내가 즐길 수 있겠는가?"

결국 우다이가 달래지 못합니다. 그리고는 밤이 지나가고 새벽이 옵니다. 출가의 시간이 경전의 기록에는 역시 성불 때와 같이 동쪽에 샛별이 솟을 무렵이라고 기록되어 있습니다. 밤을 지내고 새벽에 눈을 뜨고 주변을 돌아봅니다.

―― 고난과 죽음이 없는 불사약을 베풀어 주리라

전날, 음악과 수많은 사람들 틈에서 밤을 지새웠던 여인들이 잠들어 흐트러져 있는 모습을 봅니다. 그리고 당신은 나옵니다. 나오면서 마음속으로 다짐하고 다짐합니다.

"이 세간은 큰 근심거리다. 산다고 하는 이 범부의 생활은 근심거리다. 이것을 어떻게 탐착할까 보냐" 하고 인생을 돌이켜봅니다.

"내가 보기에 참으로 불쌍하다. 죽음이 닥쳐오고 있는데도 불구하고 거기에 빠져서 탐착하고 있고 나올 줄을 모르니 참으로 불쌍하다" 하고 눈물을 흘렸다고 합니다.

"세간은 결박된 것이며, 부정한 것을 담아놓은 병 같은 것이며, 수렁에 빠진 코끼리와 같은 것이며, 불에 날아드는 날벌레와 같다"며 여러 가지 비유를 들어가면서 "이러한 세간에서 이것을 깨닫지 못하고 거기에 탐착해서 그러고 있으니 슬프다" 하며 눈물을 흘렸다고 합니다.

그러면서 당신은 마음속으로 다짐을 합니다.

"내가 이와 같은 것을 분명히 봤으니 얼마나 다행인가. 참으로 기뻐하자. 이와 같은 사실을 알았다고 하는 것이 참으로 기뻐할 일이다" 하고 스스로 말합니다.

"내가 용맹스럽게 정진하고 무상의 도를 성취하여 생사가 없는 도리를 알아서 저들 중생을 구제하리라."

이 범부들 세간에서 불법이 나오기 전에는 죽음을 해결할 수 있는 사람

이 없습니다. 죽음과 대결해서 싸워 보려고 나서본 사람도 없고, 죽음과 대결해서 승리해서 돌아온 사람이 없습니다. 구해질 길이 없습니다. 구해질 방법이 없었던 것입니다.

—— 몸 출가와 마음 출가

흔히 출가를 두 가지로 말합니다. 몸의 출가와 마음의 출가입니다. 몸의 출가는 형상적인 출가를 말하는 것이고, 마음의 출가는 출가를 통해서 내면에서 추구하고 있는 그 내용을 의미하는 것입니다.

번뇌의 불집에서 뛰어나와서 진리의 언덕에서 진리의 법대로 살아가는 것, 이것을 마음의 출가라고 할 수 있을 것입니다. 출가의 참된 의미는 겉의 형상에 있는 것이 아니고 그 내면에서 추구하는 것에 있습니다.

이렇게 보면 이 출가가 독특한 형상을 갖춘 외형적인 출가에만 뜻이 있는 것이 아니고, 바른 출가란 만인의 것으로, 죽음과 불안과 고난과 끝없는 수레바퀴의 고해와 번뇌의 둥지, 속박의 결박에서 벗어나서, 대자재 해탈의 언덕으로 나오겠다는 것으로 모든 생명을 가지고 있는 자가 마땅히 해야 할 것입니다.

앞에서 부왕에게 말씀했듯이 불붙은 집에서 뛰어나온다고 하는 것은 건강하고 정상적인 사람이 아니겠습니까? 번뇌에서 뛰어나와서 진리의 언덕에서 진리의 법대로 사는 것이 출가라고 한다면 만인이 다 출가해야 합니다. 그리고 출가의 용기와 결단은 바로 만인이 진리 생활을 해야 하고 진리의 평

화와 완전을 누리기 위해서 마땅히 갖춰야 할 것입니다.

"나는 무상보리를 이루어서 반드시 무상법륜을 굴릴 것이다. 무상보리를 이루어서 감로를 온 중생에게 뿌릴 것이다. 그러기 위해서 어떠한 고난, 어떠한 죽음을 가져오는 고통이 있다 하더라도 한 치도 물러서지 않겠다."

이 결단, 이 확신, 이것은 출가 법문이 가지는 중요한 뜻입니다. 지금까지 말씀드린 것에서 출가가 어떤 사람의 것이 아니라 만인의 것이라는 것이 이해가 가실 것입니다. 그리고 이 진리에서 살려고 하면 그와 같은 확신과 그러한 견고한 정진력, 용맹력이 함께 있어야 합니다. 편안하고 안이하고 번뇌와 타협해서 사는 세상에서는 무상의 죽음밖에 없습니다.

출가는 진리를 향한 결단심, 보리심을 발하는 것이며 일체 중생을 위한 대자비 대지혜의 실현이며 그 과정은 우리가 살고 있는 이 현상이 죽음과 고난과 끝없는 변멸의 연속인 것을 봐야 합니다. 무상, 허망, 끝없는 고통의 연속, 이것이 범부세간이라는 것을 직시하고 그것이 번뇌에 근거하고 있는 것을 알아서 번뇌가 다한 진리의 땅, 불멸의 진실의 땅, 반야바라밀의 땅이 분명히 있다고 하는 것을 확신해야 합니다.

—— 참으로 있는 불멸의 땅

죽음이 없는 도리는 환상이나 꿈이 아니라 분명히 있습니다. 이것을 확신해야 합니다. 죽음이 없다고 하는 데 대해서 두 가지로 생각할 수 있습니다. 하나는 이 몸뚱이가 다하더라도 '나'라고 하는 것은 죽지 않아서 다른 형

태로 바뀔 것이니(윤회한다는 뜻) 형태를 바꾼 상태라도 계속하는 것이기에 죽지 않는 것이 아니겠느냐고 생각할 수도 있습니다. 이 몸의 종말로써 죽음을 느끼고 출발로써 새로운 생을 느낌으로써 그 느낌은 생소하지만 내면적으로는 생의 연속이 아니겠느냐 그렇게 생각하는 사람도 있을 것입니다. 그러나 그것은 본래 범부상태로, 그 자신의 마음 가운데 죽음이 있고 출생이 있고 그것이 반복되는 것으로 볼 때 번뇌의 연속, 허망한 세계의 연속이라는 면에서 보면 차이가 없는 것입니다.

또 하나는 참으로 있는 불멸입니다. 내 생명의 깊이에 있는, 내 마음의 깊이에 있는 진실한 언덕, 그것을 모르고 겉모습에만 매달리고 살아 왔었는데 겉모습은 끊임없이 변해가는 것입니다. 변해가는 것을 다 치우고 그 밑바닥에 도전했을 때 변함없는 진실한 땅이 드러납니다. 그 밑바닥에 참으로 있는 땅, 이것이 불멸의 땅입니다. 반야바라밀입니다. 제불을 출생시키는, 부처님을 출생시키는 근원이라고 하는 이 반야바라밀이 바로 그 땅입니다. 그것을 열반이라고도 하고 법성이라고도 하고 진여라고도 하고 불성이라고도 하며 여러 용어를 씁니다.

그런데 싯다르타 태자, 즉 부처님이 그 문제에 도전해서 파헤쳐 보기 전에는 아무도 그것을 보지 못했습니다. 이 법을 알아서 이것을 행하는 사람은 출가한 사람입니다. 번뇌에 묻혀 있는 사람은 아무리 겉모습이 출가했다 하더라도 출가라고 하기 어려운 것이고, 겉모습을 어떻게 하고 있든 번뇌의 집에서 나와 불멸의 땅, 진리의 땅, 법성의 땅, 생명이 다한 땅, 그 땅에 머무르

면 그 사람이 참된 출가인입니다.

진리의 언덕에서 기쁨을 머금고, 밝은 마음을 가지고 모든 사람을 도와 주고자 하는 지극히 착한 마음이 진짜 출가입니다. 이렇게 보면 여기 모인 우리 형제들 모두 출가인입니다. 마음 출가하신 분들입니다.

견고한 마음을 가지고 흔들림이 없이 기쁨의 언덕, 진리의 언덕에서 삶을 누리고 기쁨의 언덕, 진리의 언덕의 소식을 온 이웃사람에게 전해 주어야 합니다. 이 땅에 광명이 되겠다고 하는 것은 그런 뜻입니다.

—— 보리심을 발하면 그것이 곧 출가

거듭 말씀드리면 바로 진리를 향한 결단심, 그것은 번뇌의 집에서 벗어난 것이며, 더 이상 벗어날 것이 없기 때문에, 떼어 버릴 것이 없기 때문에 열반의 땅, 반야바라밀, 바라밀의 땅, 진리의 땅, 거기에 머물러서 확신을 가지고 바라밀행을 하는 이것이 바로 출가입니다. 여기에는 무한의 공덕이 있습니다.

부처님께서 출가 전에 낳은 아들이 라훌라입니다. 라훌라가 비야리 성에 들어갔을 때 많은 동료들이 모였습니다.

"당신은 왕이 될 사람인데 왜 왕의 자리를 내버리고 출가했습니까?"

그러자 라훌라는 출가는 이러이러한 공덕이 있다고 설명합니다. 그 말을 들은 유마 거사가 말합니다.

"어떻게 출가의 공덕을 따질까 보냐? 악을 멀리하고 삿된 소견 끊어 버

리면, 헛된 망상에서 뛰어나와 번뇌에서 벗어나고 속박에서 벗어나고 안에 기쁜 마음을 머금고 도든 사람을 도우며 흔들림 없는 깊은 마음에 의해서 모든 허물을 여의는 것, 이것이 출가다.”

이런 설법이 거기서 나옵니다. 출가는 발보리심, 보리심을 발하면 그것이 즉 출가입니다. 그것이 구족입니다. 더할 것이 없습니다.

이와 같이 부처님 법문을 돌이켜보면 모두가 진리의 언덕에서 진리를 닦는 사람들입니다. 이 몸이 죄의 몸, 번뇌의 몸, 때묻은 몸, 악연 뭉치, 업의 덩어리라고 알고 살아가고 있는지는 몰라도 우리 모두들 진실생명은 부처님 무량공덕 생명, 반야바라밀 생명, 법성 생명, 진여 생명, 불성 생명입니다.

“우리 모두는 진리 덩어리이다.”

우리는 그것을 배우고 있습니다. 항상 밝고 기쁘고 지혜롭고 자비롭게 우리의 삶을 영위합니다.

나의 생명은 부처님의 무량공덕이 갖추어져 있기 때문에 이것을 믿고, 이것을 긍정하고, 용기 있게 나아갈 때 무량공덕이 나타나서 내가 바뀌고, 나의 집안이 바뀌고, 나의 사회가 바뀌고, 우리 국가가 바뀌고, 세계가 바뀌어서 나의 마음에서부터 나의 집안에서부터 이 세계를 불국토로 바꿉니다.

우리들 모두는 출가인입니다. 밝음과 기쁨으로 이 법을 행하는 데가 우리 형제들입니다. 우리들 생활 하나하나가 최상의 공덕을 실은 것을 생각해서 흔들림 없이 정진할 것을 다시 다짐합시다.

부처님께서 성도하시고 최초에 하셨다는 말씀의 한 토막입니다.

"옛적에 지은 바 공덕으로

마음에 기약한 바 모두 이루었네.

빨리 저 선정심을 증득하고

열반의 언덕에 이르렀네.

욕계천의 주인, 마왕 파순도

나를 괴롭히지 못하고 모두들 귀의하니

복덕과 지혜력 때문이라.

만약 능히 용맹스럽게 정진하여

성스러운 지혜를 구한다면

어렵지 않게 얻을 것이며

모든 괴로움을 없이 하고 온갖 죄를 멸하리라."

이것이 마왕을 항복받고 그 다음에 도를 성취하시고 최초에 하신 말씀이라고 경에는 적혀 있습니다. 이와 같이 부처님은 우리에게 최대의 선물, "성불한다"고 하는 선물을 주셨습니다.

부처님이 성도하셨다는 날을 성도재일이라고 합니다. 만약 부처님이 이 땅에 오셔서 우리에게 일러주시고 가신 것을 생각하면 아마 성도재일이 가장 큰 경축의 날일 것입니다.

부처님 탄신의 날은 바로 범부 싯다르타의 탄신의 날이요, 납월 팔일(음력 12월 8일) 성도재일은 석가모니 부처님 탄신의 날이라고 말할 수 있을 것입니다.

그러나 부처님은 원래 진리이시고, 원래 법이시고, 이 땅에 오시기 전에 완성된 진리이시며, 자비로써 이 땅에 나셔서 모든 모습을 방편으로 보이신 까닭에 그 하나하나가 대자비 법문이라고 보는 것입니다만, 오늘 우리는 이와 같은 부처님의 성도의 날을 맞이해서 이 성도의 큰 뜻을 다시금 새겨야 할 것입니다.

오늘은 부처님이 성도하신 다음에 최초로 법문을 여시기로 결심하실 때까지의 경위를 경전에서 살펴보고, 부처님이 설법을 하시게 된 중대한 결심과 또 부처님 법문을 받아들일 자세에 대한 몇 가지를 공부하는 시간으로 삼겠습니다.

부처님께서 '도를 이루셨다' 하는 것은 바로 "무상법의 완전한 실현이다" 하는 것입니다. 그래서 샛별이 오르는 것을 보는 찰나 샛별 올라오는 것

을 보고 깨달았다고 하지만 깨달은 다음에는 그 별이 별이 아닙니다.

—— 온 우주 온 생명이 한 생명

깨닫기 전에는 내가 있고, 별이 있고, 반짝이는 별빛이 있고, 별에서 솟아오르는 희망과 새로운 힘이 아마 그 가운데 있었는지, 또는 그 밖에 다른 시적인 감상이 솟아올랐는지, 아니면 용기와 의욕의 물결이 거기서 파도쳤는지는 몰라도 깨달음을 이룬 다음, 법을 이루신 다음에는 별이 별이 아닙니다.

별은 그대로 당신 생명의 반짝이는 모습이었고 찬란한 생명의 환희의 모습입니다. 별과 내가 둘이 아닌 그런 입장에서 보면 불가불 별을 보고 깨쳤다고 하나 깨치고 난 다음에는 별이 아니다 하는 말이 있게 되는 것입니다. 온 우주 온 생명이 당신을 떠나서 없는 것입니다.

당신을 떠나서 한 물건도 없다. 그 말은 일체가 당신과 무대립의 관계이며 일체가 당신과 더불어 한 몸이며 따로 바깥이다 안이다, 있다 없다, 생이다 멸이다, 왔다 갔다 하는 그러한 것을 볼 수 없는 것입니다. 그렇기 때문에 밖으로 "진리를 구해야겠다. 법을 구해야겠다" 하고 무엇인가 구하는 그것이 다 쉬어버린 것입니다. 완전 궁극을 이룬 것입니다. 자기 자신 가운데 완전 궁극을 실현해서 그 자체로서 머무시는 것입니다.

그렇기 때문에 다시 구할 것이 없습니다. 따로 구할 것이 없기 때문에 완전히 이루셨다 하는 것입니다. 그 경지에 머물게 돼서 밖으로 다시 구할

것이 없으니, 밖으로 다시 찾을 것이 없으니 온 대지가 무엇이냐는 것입니다.

"나 밖에 있는 것은 무정물이고 나는 뜻을 가진 따뜻한 인간이다" 하는 그러한 대립상이 없는 것입니다. 온 우주, 온 중생, 온 존재 일체가 다 나의 생명입니다. 삼라만상이 무정물이 아닙니다. 그렇기 때문에 부처님을 떠나서 우주가 없고 우주 내지 시간 일체가 꺼진 다음에도 있는 것은 오직 부처님뿐입니다. 이와 같이 위대한 완성, 궁극의 완성, 그것이 성도였습니다.

부처님이 넘으신 것, 부처님이신 자리, 그것이 어떤 것인가에 대해서 원래 생각으로는 미칠 수 없는 것이지만 대강 허물이 되면서도 이런 말을 이렇게 해보는 것입니다. 이렇게 볼 때 궁극적인 완성, 근원적인 실체, 이것이 바로 부처님입니다. 부처님을 떠나서 아무것도 없습니다. 번뇌도 중생도 생멸도 고뇌도 익히 없습니다.

—— 선열에 잠기신 부처님

"이제까지 긴 시간을 고행해서 금생뿐만 아니라 전생 내지 저 먼 무량아승지겁을 통해서 닦고 닦아서 긴 시간을 고행하면서 오늘 이 자리에 이르렀다. 나는 이제 할 일을 다 마쳤다."

스님들 사이에서 공부 마친 스님을 일 마친 사람이라고, 할 일 없는 사람이라고 합니다마는 부처님이야말로 닦으실 것 다 닦으시고 이루실 것 다 이루셨으니 "이제 나는 할 일을 다 마쳤다"고 스스로 확인하십니다. "도를

원만히 이루었다" 하고 자인하십니다.

"그런데 나의 법은 깊고 커서 중생들에게 말해 주어도 이해하기가 심히 어렵다. 살펴보니 저들 중생들은 삼독과 삿된 소견과 경만심에 가려서 지혜가 없어서 내가 깨달은 이 생사가 없는 무상의 법을 설사 말하더라도 받아들이지 아니하고 의심하고 또한 비방하리라. 그렇게 되면 또 새로운 고통을 받게 될 것이 아니겠는가. 내가 깨달은 바, 도리어 마침내 도전한 이 정상의 자리, 이것을 중생에게 베풀어 말할 것인가. 아니다. 차라리 입을 다물자. 이대로 열반(생멸이 없는 자리)에 머무르리라."

부처님은 그렇게 생각을 기울이셨다고 합니다. 이 말은 두 가지로 생각하셔야 할 겁니다. 하나는 부처님이 중생을 보시고 저들에게 궁극의 성불인 생사가 없는 자리에 대한 법을 주시고자 하시다가 그것을 망설이고 계시다는 사실입니다. 또 그 생각을 왜 일으키게 되었는가. 먼저 법을 설해야 한다는 것입니다. 그것이 전제되어 있습니다.

—— 중생을 위한 뜨거운 자비

악몽에 시달리고 있는 중생의 꿈을 깨워야 한다고 하는 것은 당신과 일체 중생이 한 몸인 까닭에 중생의 괴로움을 남의 괴로움으로 보시지 않았던 것입니다. 중생의 아픔을 당신의 아픔으로 느끼신 것입니다. 법을 설해야 하는 문제가 거기서 나오게 되지마는 다시 돌이켜볼 때 '꿈속을 헤매고 있는 저들이 지금 삼독三毒과 사견邪見과 교만심에 가려서 지혜가 없으니 이 깊고

큰 법을 받아들이는 것이 아니라 오히려 비방하므로 더 어려움을 받게 될 것이다' 하는 것을 생각했습니다.

여기에 부처님께서 중생을 위한 뜨거운 자비로 중생을 건지시겠다고 하는 큰 뜻이 본래부터 갖추어져 있으며, 삼독심과 사견과 교만심을 가지고 있으면 지혜가 없기 때문에 불법은 받아들이지 않을 것이라는 점입니다.

부처님께서는 이런 말씀을 하고 계십니다.

"내가 괴로움을 참아가며 오랫동안 닦아서 얻은 바 이 법을 어찌 미혹한 저들에게 말할까 보냐. 저들은 삼독에 절어 있는 자로서 깨우치기가 어려울 것이다. 이 법은 심히 난해한 깊이 있는 법이다. 삼독, 특히 탐욕에 젖은 저 사람들은 어둠에 쌓여서 말하더라도 알 수 없고 보지 못할 것이다" 하시면서 그렇게 망설입니다.

이 대목에서 진심, 치심, 즉 성내는 마음, 어리석은 마음의 두 가지 측면을 살펴보면 그 뿌리는 탐욕심입니다. 조그마한 자기에 집착하고 탐하는 그것이 근원이 되어서 불법을 받아들일 수 있는 지혜의 문을 가려 버리고 부처님이 불법을 부어 주시더라도 자기로서는 아랑곳하지 않는 그러한 우치 몽매한 범부가 되고 맙니다.

부처님께서 법을 설하시고자 하시지만 저들은 탐욕에 가리고 탐욕에 젖어 있어서 보지 못합니다. 상근기다 하근기다 하지마는 그 근원의 뿌리는 탐욕입니다. 조그마한 자기중심에 집착하고 탐착하여 있는 상태, 이것이 자기의 눈을 가리고 우주 허공과 같은 자기를 조그마한 범부로 만들어 버린 것입

니다. 그래서 무수한 상대를 만들고, 대립상을 만들어 놓고, 대립상 가운데서 취하고 혹은 잃고, 그리고 많이 취하기 위해서 혹은 잃지 않기 위해서 다투고 싸우고 전쟁을 일으키고, 죽고 고통을 부르고 무수한 불행이 거기서 반복되는 것입니다.

근기의 뿌리인 상근기·하근기는 탐욕이 문제입니다. 이것이 뿌리가 되어서 중생들의 변화도 생기는 것입니다. 천상에 나는 중생이나 무간지옥에 빠지는 중생이나 그 마음자리인즉슨 마음상태 문제뿐입니다. 탐착이 엷은, 탐욕이 엷은 맑은 생각 가득한 사람은 천상에 나는 것이고, 그 생각보다도 탐착이 심해서 탐착이 강하게 집착되어 있는 어두운 상태에 있는 중생은 악몽을 꾸어서 아비지옥, 무간지옥 같은 고통스러운 어두운 세계를 제 꿈속에서 형성시킵니다.

법문 듣는 데 있어서 최대의 장애가 이 탐욕, 탐착, 삼독과 사견이라고 합니다. 부처님의 정법을 받아들이지 않는 소견들을 사견이라 합니다마는, 밖으로 무엇인가 보이려고 하는 소견들은 전부 사견입니다. 또 한 가지는 교만심입니다. 그 교만심이 꽉 차 있기 때문에 법문이 부어지더라도 들어오지가 않습니다. 교만심은 조금만 건드려도 그냥 반발하고 조금만 맞으면 좋다고 합니다. 교만심을 비워야 하고, 사견을 버려야 하고, 삼독을 비워야 법문이 들어가는 것입니다.

이를 보고 제석천이 먼저 부처님께 설법을 권했다고 합니다마는 마지막에 범천이 와서 부처님께 법문을 권합니다.

범천은 초선천에 사는 천상입니다. 욕계천欲界天이라고 하는 육욕천六欲天을 벗어나 보다 맑은 마음으로 탐착심과 애갈심 모두를 비우고 맑은 삼매에 머물러 있는, 그러한 선정을 바탕에 깔고 있는 천상세계입니다. 거기는 범부천, 범중천, 대범천이니 하는 천상사람이 살고 있는 세계입니다. 인간이 살고 있는 이것이 엄연한 실제라고 한다면 천상도 엄연한 현실입니다. 그 마음상태가 바탕이 되어서 그 마음상태에 상응하는 세계를 형성하는 것입니다.

범천이 와서 부처님께 예배드리고 청합니다.

"세존께서는 오랫동안 고생하시고 중생을 위하시는 지극한 자비심에서 고행 수도하시어서 이제 성도하셨습니다. 지금 많은 중생들이 오랫동안 헤매고 있습니다. 저들 중생 가운데는 마음의 번뇌가 적은 자가 있어서 부처님의 법문을 들으면 깨달을 수가 있습니다. 그것을 버려두면 깨닫지 못하고 생사를 계속 윤회하지만 부처님 설법을 들으면 깨달을 수 있사오니 저들 중생을 위하여 법륜을 굴려 주옵소서. 법의 수레바퀴를 굴려 주옵소서. 설법해 주옵소서."

이렇게 세 차례 권했다고 합니다.

"부처님께서 지금 설법을 하지 않으시고 열반의 경지에 머무시겠다고

기울어져 있으니 이것은 큰일이다. 이러시면 세상은 필경 파멸된다."

대범천은 그렇게 생각하고 부처님께 몇 차례 간곡히 권청했다고 합니다. 부처님께서도 또한 그렇게 같은 대목을 말씀하신 것이 경전에 보입니다.

저는 부처님의 설법이 '이 땅의 파멸을 막는 궁극적인 진리' 라는 것을 한 번 점찍고 지나가고 싶습니다. 부처님의 정법을 만나지 못하면 아무리 천상에 나는 법을 설하고 천상에 나는 행을 닦는다 하더라도 필경 대립상을 벗어나지 못하고 대립상 가운데서는 내가 있고 너가 있고, 얻는 것이 있고 잃는 것이 있고, 옳은 것이 있고 그른 것이 있고, 생사가 반복됩니다. 여기서 불행은 그칠 날이 없고 마침내는 이해득실을 위해서 투쟁이 그치지 않습니다. 투쟁을 통해서 상대를 극복하면 아집은 증장되고 중생은 더욱더 강악해집니다. 살겠다고 제각기 그러면서도 죽는 자멸의 세계를 가져옵니다.

모두가 한 생명입니다. 모두가 하나의 법으로 사는 하나의 생명입니다. 앞에서 부처님의 깨달은 경지에 대해서 반짝이는 별이 별이 아니다, 그런 말을 했습니다. 온 우주가 남이 아닌 것입니다. 대립하고 싸워서 파멸되고 망할 자가 있고, 승리해서 노래할 사람이 따로 없는 것입니다. 모두가 한 생명입니다.

부처님의 열반법문

부처님께서 열반에 드셨다고 하는데 이 열반의 뜻이 무엇인가. 열반이란 활활 타오르는 불길이 다한 듯, 번뇌의 불길이 다해서 다 타버리고 만 그 상태입니다. 번뇌가 다한 상태, 즉 청정진성만이 명랑하게 완전히 드러나는 상태를 의미합니다.

대개 우리들은 세간에서 몸을 거둔 것을 열반에 든다고 말을 합니다. 그러나 육체의 몸이 번뇌를 근거해서 있다고 한다면, 육체의 몸이 없어졌다고 번뇌가 끊어지지는 않습니다. 범부들의 경우 그 몸은 사라져도 번뇌는 사라지지 않기 때문에 열반을 증득하지는 못합니다.

그런데 부처님에 있어서는 일찍이 번뇌가 없습니다. 멸할 번뇌가 없습니다. 원래 열반상태 그 자체입니다. "부처님은 영원히 열반에 머무시다."

이것이 부처님의 주처이며 원래 모습입니다. 그렇기 때문에 부처님께는 우리가 흔히 말하고 있는 열반, 즉 죽음을 의미하는 열반은 없습니다. 부처님은 원래 법신이십니다. 법의 몸이시며, 진여의 몸이시며, 법성의 몸이십니다.

『법화경』의 수량품에는 의사의 비유가 나옵니다.

아버지가 집을 떠난 사이에 아들들이 약을 잘못 먹어서 정신병이 들었습니다. 의사인 아버지가 약을 만들어 아들들에게 약을 권합니다. "아가, 이 약을 먹어라. 약을 먹어서 바른 정신이 들어야 한다" 하고 약을 줍니다. 그렇지만 그 아들들은 먹지 않습니다. "약이 왜 이렇습니까? 빛이 왜 이렇습니까? 모양이 왜 이렇습니까?"

온갖 말로 따지고 묻고 하면서 그 약을 먹으려 하지 않습니다. 아버지는 기어코 그 약을 아들들에게 먹여서 바른 정신이 들게 하려 하십니다. 그래서 마침내는 약을 아들들한테 주면서 "나는 나이가 많고 다녀올 데가 있어서 이제 외국으로 길을 떠나느니라. 그러니 나를 생각하거든 너희들이 이 약을 먹어라" 하면서 길을 떠납니다.

떠난 지 얼마 뒤에 아들들에게 기별이 옵니다.

"당신의 아버지는 먼 나라에서 돌아가셨소."

이 말을 들은 아들들은 아버지 생각을 합니다. 생전에 그처럼 우리들을 사랑하던 아버지가 이제 돌아가셨구나 하고는 아버지가 가실 때 말씀하신 그 약을 생각합니다. 그래서 그 약을 먹습니다. 약을 먹은 아들들은 병이 나아서 제정신이 돌아왔습니다. 또한 돌아가셨다던 아버지가 다시 살아서 돌아오셨습니다. 약을 먹으니 중생들의 병이 나았을 뿐만 아니라 돌아가셨다던 아버지가 돌아왔습니다.

열반에 드셨던 부처님이 열반에 드시지 않고 영원한 생명으로서 우리와 함께 광명을 함께 하고 계시다는 사실을 깨우친 다음에야 안다는 비유입니다.

"나는 세간의 아버지이다. 이 세간의 중생을 내가 구원하노라."

부처님은 거듭거듭 그렇게 말씀하십니다. 이와 같이 부처님은 원래 영겁의 수명이고, 진리의 몸이시며, 불멸의 법성이시건만 중생들을 깨우치게 하기 위해서 짧은 수명의 열반상을 나투시는 것입니다.

그러기에 『법화경』 수량품의 말씀과 같이 여래의 수명은 무량아승지겁이고 상주불멸이라. "항상 머물러서 결코 멸하지 않는다" 그렇게 말씀하시고, 또 "실로는 멸도하지 아니하건만 중생을 교화하기 위하여 방편으로 멸도를 보이나니, 실로는 멸도에 들지 아니하여 항상 여기 있어서 법을 설하노라. '누구나 일심으로 부처님을 보고자 하면 내가 곧 그들 앞에 나타나서 내 항상 여기 있노라' 하고 말하리라" 하십니다.

──── 부처님의 자비 방편시현

이처럼 부처님은 법이신 몸이시건만 뜨거운 자비 방편시현으로써 우리 앞에 가지가지로 나투십니다.

부처님께서 도솔천에서 나시고, 카필라 성 룸비니에 탄생하시며, 출가하시고, 고행하시고, 성도하시고, 설법하시고, 또 열반을 보이시는 것 이 모두는 오직 중생을 위한 뜨거운 자비의 표현입니다.

친히 중생이 되시어 중생 곁에 오시어서 중생과 함께 개오하고, 거기서 탈출할 것을 결단하고, 마침내 대해탈을 보이신 이것이 바로 오직 범부들로 하여금 능히 보고 깨닫게 하고자 친히 해 보이신 것입니다. 지극한 자비에서 그와 같이 친히 우리들이 느끼고 보고 알도록 해 주신 것입니다.

부처님은 열반을 보이시면서 위없는 법문을 간곡히 설하셨습니다. 우리들은 이 뜨거운 자비를 생각할 때 감격의 눈물에 젖지 않을 수 없습니다.

부처님께서는 보리수에서 무상도를 이루시고 녹야원에 가셔서 교진여 등 다섯 비구를 제도하셨습니다. 그리고 쿠시나가라에서 열반에 드시는 마지막까지 법을 설하셔서 쉬지 않으셨습니다. 교진여가 시작이요, 최후가 수발다라입니다. 120살 되는 수발다라가 부처님이 열반에 드시는 순간에 찾아와서 부처님의 법문을 듣고 아라한의 도를 이룹니다. 그 사이 설법의 기간은 45년이라 합니다마는 인간세 범부의 눈에 보일 수 있는 현세의 몸을 나툰 시기는 80세입니다.

그 사이 어느 한 곳에 머무르심이 없습니다. 무상도를 이루시고 설법의 걸음을 걸으시는 45년간은 이 마을 저 마을, 이 나라 저 나라, 저승 이승 두루 찾으셨습니다. 국왕, 대신, 바라문, 장자, 정치가, 외도, 상공에 종사하는 바이샤, 내지 극단의 천민이라고 해서 다른 계급은 길도 같이 가지 않고 물도 같이 마시지 않던 수다라, 전다라 같은 하층계급 등 일체 천민에 이르기까지 남녀노소를 가리지 않으시고 골고루 찾아다니셨습니다.

열반에 드시는 순간까지 작은 고을 큰 고을을 일일이 찾아다니시면서

죽지 않는 생명의 물을 고루 나누어 주셨습니다. 그리고 육체의 숨을 거두시는 순간까지 제자들에게 간곡히 말씀하셨습니다.

부처님께서는 "물어라, 의심나는 것이 없느냐." 그러시고는 일일이 다 대답을 하시고 친히 그것도 부족하셔서 수없는 말씀을 계속하십니다. 그 끝에 마침내 "그만 잠잠하라, 때가 왔다. 나는 이제 열반에 들고자 하노라." 이렇게 말씀을 남기시고는 조용히 깊은 선정에 드셨습니다.

이제 부처님 열반재일을 맞이해서 우리들은 자비하신 부처님의 크신 은혜에 감격합니다. 그리고 열반에 드실 즈음에 남기신 부처님 법문 몇 가지를 돌이켜보고 우리들 마음속에 깊이 새기고자 합니다.

——— 부처님은 항상 머무신다

부처님께서 열반에 드실 즈음에 남기신 법문 가운데서 첫째는 여래상주의 선언이십니다. 부처님은 항상 머무신다는 것입니다.

저는 항상 "부처님은 진리의 태양, 영원히 저물 줄 모르는 진리의 태양이시다"는 표현을 합니다마는 부처님께서는 열반에 드시면서 그렇게 말씀하셨습니다. "여래는 영원히 항상 머무신다. 부처님은 육체의 몸, 형상의 몸, 음식의 지탱으로 유지되는 몸이 아니라 법의 몸이며 허물어지지 않는 몸이다. 금강신이다. 영원히 항상하신 몸이다."

이것을 몸소 선언하셨습니다. 그리고 부처님의 열반경계, 그 열반에 드신 경계가 어떻다 하는 것을 친히 말씀하셨습니다.

이 몸이 다하고 허물어져서 열반에 들어 정말 그 모습이 다 없어져서 재가 되고 연기가 되고 아무것도 없어져 버릴 때 허무한 도깨비가 될 것인가.

부처님께서는 분명히 말씀하시기를 영원하고 변치 않는다는 것입니다. 부처님의 열반경계는 영원하고 즐겁고 진실하고 청정한 것입니다. 말하자면 진리의 완전상, 진리의 영원상, 진리의 자재상, 진리의 완전 성취상을 여실하게 갖췄다는 사실을 친히 말씀하십니다.

—— 만인을 위한 축복

아마 30년 전인 것 같습니다. 그 무렵 저는 경을 보면서 그것을 깨닫고는 바로 인간 신성, 인간 권위, 인간 절대가치의 선언이라는 대문을 여기서 읽었습니다. 아마 그때 이후 지금까지 저는 입만 열면 그런 말씀뿐일 것입니다. 그 근거는 바로 여기 있었습니다.

열반에 들면, 이 몸이 사라지면 죽어 없어져서 고통의 바다에 헤맨다. 아니면 아무것도 없다든지, 아니면 누가 건져줘야 산다는 것은 미망한 중생들의 얘기에 불과합니다. 미망중생, 즉 번뇌가 다하지 못한 범부들의 얘기입니다.

번뇌가 다한 진실한 생명 땅, 그것은 불멸의 여래 광명이 충만하고 있습니다. 그리고 그것은 고가 아닙니다. 순간순간 변하는 것이 아닙니다. 더럽고 부정한 것이 아닙니다. 무아가 아닙니다. 정반대입니다. 영원하고 참되고, 참된 즐거움이 충만하고 청정이 넘쳐납니다. 이것이 진리입니다. 이것

이 생명이며, 이것이 진실이며, 이것이 부처님입니다. 만인의 생명입니다.

부처님의 이 말씀을 통해서 범부소견으로 집착했던 '이 세상은 무상한 것이고 덧없는 것, 허망하게 변하는 것이다' 하는 생각을 깨뜨려 버립니다. '이 세간은 필경 고다, 영원히 고는 면할 수 없다' 이런 관념들을 다 깨버립니다. '무아다, 부정이다, 항상 더러운 것이 넘친다' 이런 생각들을 다 깨뜨려 버립니다.

진리의 세계, 부처님의 세계, 진실의 세계, 우리 진실 생명의 세계, 열반의 세계는 그렇지가 않습니다. 범부의 세계는 덧없이 변하는 것이고 항상 고가 넘치는 것이고 나(我)라고 하는 실상이 없고 더러운 것이 넘치지만 열반의 세계, 깨달음의 세계, 진리의 세계, 법의 세계, 부처님의 세계는 그렇지 않다는 것입니다.

형제 여러분! 부처님의 이 법문을 깊이 새기십시오. 부처님의 한량없는 은혜의 물줄기가 우리들의 생명 위에 지금 부어지고 있는 것이 현실임을, 오늘 부처님의 열반재일을 맞이해서 다시 새겨봐야겠습니다.

부처님의 열반법문에서 또 우리의 가슴을 울리는 불성보변佛性普遍의 말씀이 있습니다.

부처님 성품이 널리널리 두루하다. 만인의 생명이, 일체 중생의 생명이, 불성광명이 너울치고 있습니다. 일체 중생의 불성이 두루하다는 말씀, 일체 중생의 본성이 불성이라는 말씀, 그래서 모든 중생, 모두가 성불한다는 것이 이 선언입니다. 누구나 성불한다는 것입니다. 어떤 사람은 구원받고 어떤 사

람은 구원 못 받고 그런 것이 아닙니다.

만인의 본성, 생명 가운데 이미 성불의 종자가 갖춰져 있으며 성불의 무한공덕이 이미 꽉 차 있음을 선언하셨습니다. 그 누구도 버림받을 사람, 죄 받을 사람, 고통 받을 사람, 망할 사람, 불행할 사람이 없습니다.

성불 못 할 사람은 없습니다. 존경 못 받을 사람은 없습니다. 축복 못 받을 사람은 없습니다. 이 법문은 일체 중생의 해방이요, 궁극적인 완성이며, 성불의 선언입니다. 인간을 위한 최상의 축복입니다. 인간을 위한 이보다 더 큰 축복이 있겠는가 하는 것입니다. 당신과 똑같이 이루신다 하는 것이 당신의 원이십니다.

부처님께서는 우리에게 다시없는 축복을 이와 같이 주셨습니다. 부처님의 지혜 광명선언은 일체 중생 청정완성을 꿰뚫어 보시면서 그것을 각자가 확인하고 그것으로 자재하게 쓸 것을 우리에게 촉구하고 계십니다.

계를 지니는 마음자세(오계)

수계의식을 시작하기 전에 몇 가지 말씀을 드리고 들어가겠습니다.

'나는 아직 불법공부를 많이 하지 못 했는데 계를 받아도 되는 것인가?' 이렇게 생각하시는 분이 계십니다. 그러나 불법을 닦아서 공부하는 것은 앞으로 성불할 때까지 하는 것이고, '이제부터는 결코 헛된 길을 걷지 않고 참된 길을 가겠다' 하는 자기 마음을 분명히 세움으로써 부처님의 결정적인 가호력을 자신 가운데 받아들이는 것이 바로 계이기 때문에, 이미 많이 닦았는지 여부와 아무 관계가 없습니다.

또 많은 분들 가운데서 '불교 수행을 전혀 하지 않으신 분들에게 바로 계를 주는 것은 좋지 않다. 일정한 수준의 교양을 거친 다음에 계를 받게 하는 것이 좋겠다' 라고 말하는 분들이 계십니다.

계는 원래 이미 성숙된 자에게 주는 것이 아니고, 이제부터 바야흐로 크게 피어날 사람에게 결정적인 보리의 인을, 깨닫는 인을, 성불의 종자를, 부처님의 계체를 이어 받는 것이기 때문에 그렇게 생각하는 것은 순서가 맞지 않습니다. 따라서 아직 수행을 하지 않는 분이거나 불교에 대한 지식이 없는

분이라 하더라도 '지금 이 순간 계를 받겠습니다. 진실한 생명, 참된 마음으로 살고자 합니다.' 이런 마음을 세운 사람이면 바로 부처님의 계체를 받을 수 있는 사람입니다.

계를 받으시는 분에게 몇 가지를 말씀드릴 텐데 이 내용은 조목조목 정리해서 들어 주시기 바랍니다.

첫 번째, 오늘 이 순간에 무엇을 생각했는가? '나는 죄가 있고, 나는 허물이 있고, 나는 세상에 업이 걸려 있다' 하는 이런 생각을 다 놓아버리고 '내 마음에 태양처럼 빛나는 부처님의 은혜와 그 공덕이 내 생명 속에 지금 빛나고 있다. 부처님의 은혜가 내 생명에 지금 부어진다' 하는 그런 생각을 가져야 합니다. 이것을 꼭 믿고, '내 마음속에 깃들어 있는 부처님의 생명, 내 생명 속에 부어지고 있는 부처님의 은혜, 이것을 마음속에서 꼭 간직하겠다' 하는 그런 마음을 가져야 합니다. 그런 마음을 덮고 있는 게 무엇인가 하면 번뇌망상이라는 것인데, 이것이 죄입니다. 번뇌망상이라는 죄가 있어서 그런 밝은 태양을 가립니다. 둥근 달을 가립니다. 그래서 캄캄하게 만들어서 '나는 속이 시커멓고, 어둡고, 죄가 많고, 업보중생이다. 그래서 고통을 받고 산다'는 생각을 갖게 만듭니다.

그렇기 때문에 만약 그런 마음을 가진 분들이 계시거든 꼭 참회해야 합니다. '과거의 무량겁의 모든 죄를 참회합니다' 라고 참회하는 마음을 가지

면 바로 어두운 구름에 마음을 두지 아니하고 밝은 마음이 살아납니다. 말하자면 밝은 마음이 살아나기 때문에 어두운 번뇌망상 죄가 그 자리에서 없어져 버려서 밝은 햇빛이 자기 마음에 가득 차 오는 것입니다.

불교를 믿고 수행을 하는 많은 사람들을 보면 여러 가지 어려운 일을 많이 해냅니다. 세상에서 어려운 일도 다 이겨 나가고, 남 보기에는 안 되는 것도 해 나가고, 어떤 사람은 요행이라고 생각할 수도 있지만 이 사람은 그야말로 꿋꿋한 신념을 가지고 잘 해나갑니다. 세상에서 안 된다고 하는 것은 죄의식 때문에 그런 것입니다. 죄와 같은 그런 번뇌망상에 생각을 의지하고 생각을 일으키기 때문에 안 되는 것이지, 부처님의 법의 생명, 부처님의 진실한 공덕생명 그것을 자신으로 알고 그것을 그대로 믿고 쓰는 사람에게는 거침이 없는 공덕이 흘러나옵니다.

두 번째, 계 받을 사람은 '부처님의 막힘이 없는 위신력과 막힘 없는 대복덕이 바로 나의 생명 가운데에 있는 것이다' 하는 것을 꼭 아셔야 합니다. 그리고 이제 이것이 근본입니다. 계 받고 불자가 되는 근본입니다. 이렇게 아는 사람은 어디 가든지 '내가 불자입니다. 부처님의 공덕이 내게 가득하고 부처님의 자손인 까닭에 부처님의 위신력을 계승해 받았습니다. 이렇게 해서 나는 범부의 노예가 아니고 육체의 노예가 아니고 물질의 도구가 아닙니다. 나는 바로 부처님의 위신력을 능히 쓰는 자입니다' 하는 그런 긍지가 생기고 자랑스러운 힘이 나오는 것입니다. 그래서 계 받는 불자들은 제일 먼저 그러한 마음의 다짐을 해야 합니다.

세 번째, 이제 부처님을 믿고, 부처님의 가르침을 믿고, 부처님 법을 여실히 수행하시는 스님들을 믿어야 합니다. 이것은 불법승 삼보를 믿는 것으로서 행의 기본으로 삼습니다. 계를 받는다고 하는 것은 부처님의 허물어지지 않는 계의 생명, 때묻히려고 해도 절대 때묻을 수 없는 계의 생명, 허물어지려고 해도 허물어질 수 없는 절대 견고한 금강계체를 내가 받는 것입니다.

네 번째, 이 계체를 받은 사람은 어떻게 행동하는가? 근본 다섯 가지인 오계를 지켜야 합니다.

—— 첫째, 생명을 존중히 하라

첫째는 생명을 존중히 하는 것입니다. 바로 나의 생명을 존중해야 합니다. 나의 생명은 육체로 된 생명이거나 물질의 공급을 적당히 하거나 자연환경이 잘 맞아서 유지되는 생명이 아닙니다. 나의 진실생명은 부처님의 공덕생명입니다. 한량없는 지혜와 자비와 위신력이 그 가운데 가득합니다. 절대 복덕이 가득합니다.

이렇게 신성 존엄한 나의 생명을 존중해야 합니다. 내 생명이 이렇게 신성하고 존엄한 까닭에, 마땅히 생각하는 것, 말하는 것, 행동하는 것이 신성 존엄해야 합니다. 말하자면 신성한 말을 하지 않거나 행을 하지 않거나 생각을 하지 않거나 하는 것은, 근본적으로 자기 본분에 어긋나는 것입니다. 자신이 금덩어리인데 금덩어리 행세를 안 하고 흙덩어리 행세를 하는 것입니다. 자신이 다이아몬드인데 다이아몬드 행세를 안 하고 돌덩어리 행세를 하

는 것입니다. 부처님의 지혜의 눈으로 보면 부처님의 무량공덕을 가지고 있는 그것이 자기 생명이고 자기 참모습인데 그것을 몰라보고 다른 짓을 하면 안 됩니다.

이와 같이 자기 스스로 자기를 공경하는 자기 신성을 알아야 합니다. 동시에 이 자기는 조그맣고 외롭게 혼자 서 있는 자기가 아니고 모든 사람과 함께 있는 자기입니다. 그렇기 때문에 모든 생명을 존중해야 합니다. 그러므로 내 생명 존중이 일체 생명 존중과 같은 것입니다. 나의 생명은 일체 중생과 더불어 쓰는 생명이고 일체 불보살과 더불어 쓰는 생명입니다.

'생명을 존중한다.' 이것이 오계의 첫째입니다. 생명을 존중하는 사람들은 생명을 아끼고 생명이 가지고 있는 가치를 충분히 발휘하도록 돕고, 그것을 개인적으로 도울 뿐만 아니라 사회적 시설을 통해서도 돕고 국가적인 시책을 통해서도 돕습니다.

오계의 첫째는 이와 같이 '생명을 존중하고 생명이 내재하는 신성한 가치를 충분히 보장해 주며 억압하지 말고 침해하지 말고 마침내는 죽이지 마라' 이것입니다. 이 오계 하나 속에 개인이 자신을 다스리고 가족을 다스리고 사회를 다스리고 나라를 다스리고 세계 인류를 평화롭게 하는 진리가 있습니다.

우리는 개인적으로도 이 생명의 존엄에 대한 스스로의 믿음이 있어야 하고, 사회적 시설로도 보장해야 하며, 한 사람 한 사람이 가지고 있는 가치를 충분히 발휘할 수 있도록 국가적 시설이나 국가 시책이 행해져야 합니다.

세계적으로도 마찬가지입니다. 이웃나라를 침략하거나, 그 밖의 이웃 나라에 인간이 살 수 없는 공해산업을 수출하여 못 살게 하면서 자기나라만 흥하게 한다면 이는 생명을 존중하는 진리를 모르기 때문에 자기만 못 사는 것이 아니라 세계가 한꺼번에 깨져 못 사는 세계가 되는 것입니다. 그래서 학자들은 '수십 년 후에는 세상이 못 살게 된다' 는 말을 하는데, 이것도 지혜 가 없어서 나의 생명이 참으로 신성하고 존엄하고 큰 사실을 모르고, 조그맣 게 자기 몸뚱이나 자기 이웃사촌이나 자기 주변 사람들만 존엄한 것으로 알 기 때문에 그런 결과를 가져오는 것입니다.

—— 둘째, 아낌없이 베풀어 주라

오계의 두 번째는 '아낌없이 베풀어 주라' 는 것입니다. 우리는 누구든 지 부처님의 공덕을 가지고 태어났습니다. 박복한 사람 없습니다. 조금 전에 말씀드렸듯이 부처님의 한량없는 공덕과 한량없는 복덕을 내 생명 속에 가 지고 태어났습니다. 다만 '나는 안 가지고 태어났다. 가난하다' 하고 자기 한정을 하고, '나는 범부다. 죄가 있다. 나는 금생에 무능하다. 버는 것이 없 다. 팔자가 세다. 앞으로 미래가 어둡다' 라는 여러 가지 생각을 머리에 집어 넣어 놓고 '인생은 이런 것이다' 하고 단정함으로써 자기 내부에 있는 무한 의 복덕을 쓰지 못하는 것입니다. 복덕이 있는 것을 믿고 그것을 내어 쓰는 것, 복덕의 문을 여는 것, 그것이 베푸는 것입니다.

베푼다는 것은 내 마음의 닫힌 문을 여는 것입니다. 말하자면 복이 들어

가는 문을 여는 것입니다. 베풂 없이는 복덕을 받지 못합니다. 남한테 무엇인가 베풀어 주고 물건을 베풀어 주고 돈을 베풀어 주고 힘을 베풀어 주고 지혜를 베풀어 주고 말을 베풀어 주고 마음을 베풀어 주고, 무엇이든지 버는 만큼 베푸는 마음이 내 좁은 인간의 문을 활짝 열어서 부처님의 큰 공덕 생명을 자기 가운데 구현시키는 길이 됩니다.

『보현행원품』에 '공양은 바로 무한 공덕의 문을 여는 것이다' 라는 이야기가 나옵니다. 아낌없이 베풀 때는 조건을 붙이거나 이유를 붙이거나 과보를 바라지 말아야 합니다. 조건을 붙여서 베풀면 그만큼 한정된 것밖에 오지 않습니다. '베풀어 주되 한정이 없는, 조건이 없는, 상이 없는 그런 베풂을 주어야 그 크기에 관계없이 그야말로 큰 공덕이 있다' 하는 이야기가 『금강경』에 나옵니다.

'아낌없이 베풀어 주되 남의 것을 소중히 여기고, 남에게 가는 물건을 더욱 질서 있게 도와 주고, 남에게 가는 것을 막거나 남의 것을 뺏거나 결코 훔치지 마라' 는 것이 오계의 두 번째입니다.

앞의 생명을 존중히 여기는 계를 가지면 그야말로 자비의 종자가 커져서 필경 이로 인해 성불할 것입니다. 더불어 베풀어 주는 공덕을 지으면 복덕의 종자가 키워지는 것이기 때문에 그 사람은 복덕이 더욱더 커져서 지혜와 복이 가득해질 것입니다. 그렇기 때문에 불자 되는 사람은 계체를 받은 사람으로서 첫째는 생명을 존중하고 둘째는 아낌없이 베풀어 주는 마음을 항상 가지고 따뜻하고 너그러운 마음으로 대하는 것이 계 받은 사람의 자세

입니다.

세 번째는 청정한 마음을 갖는 것입니다. 부정한 마음을 제거하고 항상 깨끗하고 밝고 떳떳한 마음을 가지고 지내야 합니다. 청정한 마음을 가장 어지럽히는 것은 이성간의 성질서 문란입니다. 결혼한 사람이 부부간 이외의 다른 문란한 행을 하거나 질서에 어긋나는 행동을 한다면, 이는 육체적인 관계에서 접촉했다는 문제가 아니라 자기 마음의 청정을 어기는 것이기 때문에 이것은 자기 마음을 혼탁하게 만들어 참으로 계체를 이룰 수 없게 하는 것입니다. 그렇기 때문에 오계의 셋째는 '마음의 청정을 지켜라' 입니다.

네 번째는 '진실을 말하라.' 이는 『보현행원품』에서도 많이 공부한 내용입니다. 진실은 바로 내 마음속에 참된 진실이 있기 때문에 부처님 공덕과 통해 있습니다. 그것을 그대로 말로 옮겨서 쓰면 말하는 대로 이루어지는 것입니다.

성인들이 말하는 내용은 말대로 이루어집니다. 그 이유는 진리를 그대로 쓰기 때문입니다. 그것을 진언이라고 합니다. 그래서 우리는 진실한 말을 하고 써야 합니다.

어떤 것이 진실한 말인가? 내 생명의 공덕을 긍정하는 말입니다. '나에게는 지혜와 복과 자비가 가득하고 능력이 있고 앞으로 희망을 가지고 성불할 사람이다. 나는 극락세계의 주인이 될 사람이다' 하는 이런 밝고 자기 공덕을 긍정하는 말은 진리이고 참된 말입니다. 반면, '나는 팔자가 세다. 고난이 있다. 이 세상은 어둑하다. 미래는 믿을 수 없다. 따라서 인생은 어둡다.' 그렇게 비관적이거나 소극적이거나 우울한 생각을 가지고 이런 말을 쓰는 것은 참된 말이 아닙니다. 그런 말을 하면 그런 일이 생깁니다. 앞일이 어두워지는 것입니다.

진실한 말이라 하는 것은 '내 생명이 부처님의 공덕을 가지고 태어났다.' 이러한 사실을 믿고 긍정하는 말입니다. 그런 말을 쓰는 사람에게는 그런 일이 닥쳐옵니다. '나는 행복하다. 앞으로 내게는 희망이 돌아온다. 나는 부자가 된다. 나는 건강하다. 지혜가 있다' 이런 식으로 자기 마음에 있는 부처님의 공덕을 믿는 말은 참된 말입니다.

반면 우울하고 소극적이고 퇴폐적이고 패배적인 말을 쓰거나 아니면 욕을 하거나 남을 음해하거나 그런 말은 전부 진실한 말이 아닙니다. 남을 나쁘다고 욕하고 비방하고 거짓말하고 모함하고 듣기 싫은 악덕한 말을 하는 것도 잘못된 것입니다. 그래서 꾸며대는 말, 망념된 말, 남을 독하게 찌르는 말, 아니면 사실이 아닌 말, 이말 저말 하고 다니는 말, 이런 것은 전부 진실한 말이 아닙니다.

다섯 번째는 '맑은 마음, 흔들리지 않는 바른 마음을 꼭 가져라.' 이것이 다섯 번째입니다. 정념正念입니다. 바른 마음, 맑은 마음, 흔들리지 않는 마음을 꼭 가지고 지켜야 합니다. 노력해서 지켜야 합니다. 원래 자기에게 있는 맑은 마음, 밝은 마음, 움직이지 않는 그 밝은 마음이 있는데, 지키지 못하기 때문에 흔들리는 것입니다. 흔들리면 지혜가 나지 않습니다.

물그릇을 흔들면 물이 탁해지고 물결이 일어서 그 위에 달이 비칠 수가 없습니다. 고요해야 비칩니다. 마음이 항상 흔들리고 뒤범벅이 되어서는 지혜와 공덕이 나지 않습니다. 그렇기 때문에 항상 마음을 잘 지켜야 합니다.

그러면 이러한 마음을 허무는 것이 무엇인가? 마음을 뒤집어 놓고 마음을 흔들어서 부처님의 공덕과 능력을 가득 담은 것을 뒤집어엎는 것이 무엇인가? 그것은 여러 가지가 있습니다. 화를 버럭버럭 내는 것도 해당됩니다. 그 중 가장 두려운 것은 술입니다. 술을 마시면 의지의 성이 허물어지고 마음이 흔들려서, 사람이 실없이 되어 자기 마음의 밝은 지혜도 잊어버리고, 자기 마음에 지혜 복덕이 있는 것도 모르고, 자기의 신성도 모르고, 개나 돼지와 차별 없이 되어버립니다. 그렇게 되면 자기가 가지고 있는 신성도 존엄도 가치도 복덕도 능력도 나올 리가 없습니다. 모든 재앙이 그 사람에게 옵니다. 그 하나로 인해서 다 깨지는 것입니다. 그래서 마음속에서 '술'이라고 하는, 마음이 흔들리는 짓을 하지 말아야 합니다.

그런데 술을 한 모금도 안 마신다 하더라도, 정한 마음이 없이 이 마음

저 마음 항상 흔들려 다니면 그것은 술 먹은 것과 마찬가지입니다. 또 삿된 소견과 세간의 그릇된 소견에 따라서 오늘은 이 말 듣고 내일은 저 말 듣고 이렇게 끌려 다니며 그릇되고 망령된 사상의 노예가 되면 그것도 마찬가지입니다. 술 마신 것과 마찬가지입니다. 그러니까 마음에 심지를 분명히 세워서 맑은 마음을 항상 지키도록 해야 합니다.

어떤 것이 맑은 마음인가? 어떤 것이 바른 마음인가? 그것은 다들 아실 것입니다. '마하반야바라밀'을 염하고 혹은 독경을 하고 혹은 염불하고 이렇게 하면 저절로 자기 마음에 밝은 달이 환히 드러납니다. 흔들리지 않는 마음 꼭 가지고 정념을 지켜야 하는 것이 다섯째입니다.

—— 오계의 선후先後

이 다섯 가지 계 가운데는 선후가 있습니다. 말하자면 생명을 존중히 한다는 것, 참 중요한 것입니다. 한 생명이 손상을 당하거나 죽게 되었으면 남의 물건을 훔쳐서라도 그 사람을 먹여 살리는 경우, 훔치는 것은 죄가 안 되고 사람을 살리는 공덕이 있습니다. 또 사람이 금방 악한 마음을 내서 '저 사람을 같이 죽이자'는 공모를 하고 장난을 일으키는 경우, 술을 먹으면서 같이 즐겁게 놀다가 술을 잔뜩 먹여 취하게 만들어서 공모자의 마음을 돌리게 한다거나, 죽게 된 사람에게 피할 길을 만들어 주는 것도 공덕이 될지언정 술을 마셨다고 해서 죄가 되지 않습니다.

'생명을 존중히 하라. 아낌없이 베풀어 주라. 청정을 행하라. 진실을 말

하라. 정념을 지켜라' 하는 다섯 가지 계, 극단적으로 말하면 '산 목숨을 죽이지 마라. 남의 것을 훔치지 마라. 삿된 음란한 행을 하지 마라. 망어를 하지 마라. 술을 마시지 마라' 하는 이 다섯 가지 계는 순서가 있습니다. 마지막한 가지 계를 지키기 위해서 맨 위의 계, 즉 술을 먹지 않기 위해 살생을 해서 사람을 죽인다든가, 도둑질하거나 남의 것을 훔치는 그 계를 범할까봐 사람이 죽는 것도 그냥 내버려두고 있다거나 이런 것들은 참 어리석은 것입니다.

우리는 실상을 통해서 진실한 계의 뜻이 무엇인지 알아서 능히 필요에 따라서 행하고, 자신에게 열고 닫는 그러한 것을 항상 닦아야 하겠습니다. 닦는 방법은 마음속에서 바라밀을 염하고, 내 마음속에 진실한 청정광명이 항상 드러나는 그러한 염불수행을 하면 저절로 지혜가 열립니다. 경을 안 봐도 되고 많은 법문을 안 들어도 진실하게 염불하다 보면 마음이 밝아지기 때문에 처처에 맞는 행을 하게 됩니다. 말을 배우지 않아도 말이 나오고, 무슨말을 해야 할까 연구 안 해도 그렇게 염불하고 마음을 밝게 하면 일을 당했을때 척척 말이 나오고 힘도 나옵니다. 그렇기 때문에 이에 대해서는 구체적으로 하나하나 세밀히 닦는 길이 없지는 않지만, 근본은 '마음을 밝히는 것' 한가지로 모든 공덕을 지을 수 있다고 알아두시면 좋습니다.

이것이 오계인데, 오늘 이 오계를 받은 사람은 부처님과 불보살이 특별히 가호하시고 신장님이 꼭 가호합니다. 이렇게 계를 지니고 마음속에 지키겠다고 마음 가진 사람에게는 신장님이 항상 그 사람을 보호합니다. 그것을내버렸을 때 그것을 지키는 신장도 떠나 버립니다.

　　나의 앞길을 밝게 하고 나의 생명을 밝게 하고 나의 앞날에 희망을 성취하고자 이렇게 부처님의 공덕으로써 나의 등불을 삼고 내 생명을 삼는 길을 꿋꿋이 지켜 나가면, 눈앞에 고난이 있고 장애가 있는 듯이 보이지만 맞부딪쳐 보면 그것은 고난이 아니고 재앙이 아님을 알 것입니다.

　　그리고 이 순간 꼭 말씀을 드릴 것은 꼭 과거의 무량한 죄와 허물을 참회해야 합니다. 저의 죄뿐만 아니라 일체 중생이 지은바 모든 죄업을 참회해야 합니다.

　　'부처님이 이와 같이 거룩하고 이와 같이 밝고 이와 같이 넘치는 끝없는 공덕을 나에게 지금 부어 주십니다. 나는 과거의 모든 허물을 참회합니다. 뉘우칩니다. 다시는 짓지 않겠습니다. 다시는 따라가지 않겠습니다' 하는 그런 마음을 꼭 마음속에 다지기를 바랍니다.

　　종교를 믿고 계를 받게 되면 격식과 형식에 매이는 것을 느끼는 경우가 있는데, 그것이 아닙니다. 가장 자유스럽게 해탈의 문으로 뛰어 나오는 것이 계 받는 것입니다.

　　부디 오늘 계 받으신 분들은 가장 걸림 없고 막힘 없고 절대자유, 해탈의 평원으로 나오는 이런 작법을 지금 받는 것임을 명심하기 바랍니다.

── 계를 받는 공덕

　　마지막으로 하나 더 말씀드릴 것은, 계를 받는 것은 금생에 하는 어떤 사업보다도 가장 큰 사업이라는 사실입니다. 그래서 오늘 계 받으신 분들에

게 먼저 축하를 드리고 또 감사를 드립니다.

금생에 태어나서 제가 여러 형제들을 대하게 되고, 여러 형제들과 함께 부처님 믿게 되어 부처님 앞에 나와서 불법을 같이 공부하게 되고, 더욱이 계를 설하는 자리에 같이 했다는 사실은 저로서도 큰 영광입니다. 착한 사람, 성불할 사람, 결정적으로 대보살의 공덕을 성취할 사람과 제가 벗이 되었다는 것은 비록 제가 오늘 저녁에 죽든지 내일 죽더라도 저는 큰 공덕을 금생에 이룩했다고 생각합니다. 여기 계신 형제들이 모두 같습니다.

이 계는 이렇게 수승한 것입니다. 따라서 오늘 계 받게 된 사실을 경사스럽게 생각하고 감사를 드리고 축하를 드립니다.

감사

인생을 아름답고 싱싱하게 장엄하는 최상의 음악이 무엇이냐고 묻는다면
그것은 '감사' 라고 하겠다. '감사' 로 하여 삶의 보람은 증장하고,
생명은 빛을 발하며, 생활은 윤택하고, 활기를 더하게 된다.
인생이 고난에 부딪쳤을 때 고난을 극복하는 최상의 방법도 감사다.

감사는 마음에 평화와 조화와 축복을 채워 준다. 거기에 부처님의 무한공덕이 흐르게 된다.
그래서 눈앞의 고난과 불안이 깃들지 못하게 하는 것이다.
우리의 가슴을 감사로 채우자. 항상 모두에게 감사하자.
감사는 생명을 키워주는 최상의 음악이다.

효 공덕문을 열자(백중 영가 천도)

『부모은중경』에 '필경 연민자' 라는 말씀이 있습니다. 나이 많으신 부모님이 어린 자식이나 장성한 자녀들을 잠시도 쉬지 않고 걱정하시며, 그 자손들을 불쌍히 여기시고 언제나 가련히 생각하시고 항상 살피시는 그 마음이 끝이 없으시기에 필경에 연민자라고 했습니다.

그뿐만이 아닙니다. 부모님은 돌아가신 후에도 그 자손을 살핍니다. 자손이 어떻게 될까 하고 항상 마음이 떠나지 않습니다. 바로 우리의 부모님과 우리 이웃에 나이 많으신 어른과 우리 사회에 많은 노인들은 모두가 이러한 분들입니다. 영원한 보호자입니다.

그렇기 때문에 부모님은 돌아가신 이후에도 자손에 대한 간절한 생각을 쉬지 않으십니다. 그런데 그 간절한 생각을 쉬지 않는 그 부모님이 마음이 편치 않으시고, 마음에 강한 집착을 가지고 계시고, 마음이 거칠고 어두울 때는 자손에게 어려운 일이 생기는 것입니다.

밝은 부모가, 깨달은 부모가, 정말 기쁨에 넘치는 깨달음을 얻으신 부모가 자손을 살펴야 자손이 밝아지는 것입니다. 불안하고 고통스러운 부모가,

심지어는 분노심 같은 것을 풀지 않은 상태에 계신 부모가 자손을 살핀다 한다면 거기에는 불행이 있습니다.

조상님을 기쁘게 해 드리고, 밝게 해 드리고, 천도해 드린다는 것은 조상님을 위해서도 좋지만, 그것은 자기 자신과 후손에게 바로 영향이 온다는 여기를 영가 천도 드릴 때마다 누누이 말씀드리는 이유도 그런 데 있습니다.

—— 천도재의 의미

"부모님은 영원한 보호자이십니다. 생전에 그와 같이 자손을 사랑하시던 부모님이 돌아가신 후에 자손에게 해로움을 끼치는 경우가 있는데 그것은 웬일입니까? 돌아가신 후에는 바뀝니까?"

앞에서 말씀드린 것처럼 만약 부모에게 어두운 기운이 있으면 어두워집니다. 부모가 따뜻함을 잃어버리고 얼음 같은 차가움이 있으면 내가 차가워집니다. 그와 마찬가지로 천도되지 못하고 깨닫지 못한 부모가 그 자손을 떠나지 못할 때 그 자손에게 영향이 온다는 얘기를 들었습니다. 그것은 부모님이 자손을 괴롭히기 위해서가 아니라 해탈을 하지 못해서 그런 것입니다.

돌아가신 부모님, 영원한 우리의 보호자인 부모님을 천도하여 그 마음을 깨닫게 해 드리고, 부처님의 은덕을 통해서 마침내 그 큰 공덕을 성취하게 해 드린다는 것은 부모님을 위하는 효성이고, 동시에 자기와 자기 자손과 자기 집안이 밝게 되는 중요한 요인이 됩니다.

『우란분경』에 보면, 우란분재는 지옥·아귀에 태어난 목건련 존자의 어머니를 천도하는 법식입니다. 사람이 죽으면 그 죽는 순간, 영혼의 의식상태를 사유死有라고 합니다. 그리고 죽어서 새 생명 받아서 태어날 때까지의 중간을 중유中有, 中陰라고 합니다. 중유는 보통 죽어서 헤매고 다니는 영혼들입니다. 나쁜 업이든, 좋은 업이든 업이 세서 지은 바가 강하면 칠일이고 며칠이고 즉시에 바로 새 생명을 받지만 그렇지 못하면 자력으로 가지 못하고 헤매는 경우가 많습니다.

그런데 그것이 하루 이틀이 아니고 일주일, 이주일, 칠칠일 사십구일보다 더 긴 경우가 있습니다. 방황하는 시기가 길게 가는 경우가 있다는 것입니다. 내가 만나본 어느 영가는 삼십년이 넘게 방황하고 있었습니다. 모두가 죽으면 즉시에 새 생명으로 태어나느냐 하면 그렇지 못합니다. 지옥에 가더라도 지옥갈 업이 있어야 지옥에 바로 가는 것입니다.

목건련 존자의 어머니는 중유의 과정을 지났습니다. 죽어서 중음신의 과정을 지나서 바로 지옥에 가버린 것입니다. 목건련 존자가 지옥에 태어난 어머니를 천도했던 것이 바로 우란분재입니다.

우리 한 사람 한 사람이 현실적인 존재인 것처럼 죽은 후 중음의 상태에 있을 때도 현실적인 존재이고 다른 생에 태어났을 때도 현실적인 존재입니다. 부처님께서는 현재의 상태, 그 깨달음의 말씀으로써 우리를 밝게 해 주시는 것처럼, 우리와 중음과 내지 새로운 생으로 영가까지도 밝게 해 주시고

깨닫게 해주십니다. 우리가 지성 다해서 기원을 하고 우리의 마음이 밝아졌을 때 밝은 이 마음은 바로 대천세계를 즉시에 밝히는 위덕을 가지고 있습니다.

이 마음은 필경 내 마음인 듯이 보여도 그 뿌리는 우주와 내지 제불보살과 일체 중생과 함께 하는 세계와 통해 있습니다. 저는 그것을 직하直下라고 합니다. 바로 그 자리가 그 자리입니다. 천만 리 떨어진 자리가 천만 리 떨어진 자리가 아니고 천만 년 떨어진 시간이 천만 년 떨어진 시간이 아닙니다. 시간과 공간이 딱 끊어진 자리가 바로 그 자리입니다.

지성스러운 마음, 일심으로 향한 마음, 정성 기울인 마음이 이와 같이 걸림 없이 일체 세계에 미치고 큰 공덕을 성취하는 것입니다. 부처님의 그 가르침을 통해 영원히 우리를 보호하시는 부모님과 조상님에 대한 효성을 잊지 말아야 합니다.

── 진정한 효

우란분재에 대해서는 다들 알고 계실 것 같아 되풀이하지 않겠습니다. 그러나 설사 돌아가신 후에 악한 업이 세어 아귀도에 빠진 중생이라 하더라도, 우란분재 날 법식에 따라서 부처님께 공양하고 스님들께 공양해서 스님들이 축원해 드리고 이러한 작복과 이러한 공덕을 지음으로써 아귀도에서 날 업을 벗어났다는 대목을 기억했으면 합니다.

그리고 부처님의 위신력이 걸림이 없어서 내 생전 중음신에 있든 어느

생에 태어나든 막힘없이 그 광명이 다 비친다는 것을 새겨 주셨으면 좋겠습니다.

첫 번째는 염불공부를 하시도록 해 드리는 것입니다. 부처님을 믿고 염불을 하시도록 해 드리든가 계를 받아서 "제가 불자로소이다. 제가 불자 아무개입니다" 하고 확신을 갖도록 부모님에게 정법 인연을 만들어 드려야 합니다.

염불하게 해 드리고, 계를 받아서 불자 되게 해 드리고, 또 한 가지는 공덕을 짓게 해 드리는 겁니다. 당신이 마음속에 가지고 있는 어떤 것이든 집착과 탐착과 애착은 떼도록 해 드려야 합니다. 돌아가신 후에도 집착과 탐착과 애착과 어두운 마음을 버리지 못해 어두운 데 가서 태어나게 될 것을 끊어 드려야 합니다. 그 마음을 밝혀 드리라고 하는 것입니다. 이것이 정법 인연을 맺어 드려라 하는 뜻의 두 가지입니다.

이것을 모르고 살아계실 때 입에 맞게 해 드리고, 몸에 맞게 해 드리고, 당신 마음에 거슬리지 않게 해 드리는 것을 효라고 한다면 반 쪼가리 효도 아닙니다. 생명은 영원한데 순간의 육체를 위해서만 모셔드리고, 영원한 생명은 어둡게 해드렸다고 한다면 불효자라는 말을 면치 못할 것입니다.

왜 불효자인가? 모르기 때문에 그런 것이며 믿지 않았기 때문입니다. 우리 불자들은 부처님을 믿고 불법을 배웠기 때문에 우리 부모님이, 우리 이웃의 부모님이 불법을 만나지 못하고 법당에 나오지 못하더라도 가서 당신이 아는 대로 말씀 드리고 당신이 본 대로 말씀을 드려서 염불할 수 있도록

불법 인연을 갖게 해 드려야 합니다. 탐착을 버리고 기쁘고 밝은 마음이 넘쳐나도록 해 드려야 합니다.

세 번째는 사후 공양입니다. 천도를 해 드린다거나 독경을 해 드리는 것입니다. 이것도 불자만이 할 수 있는 일입니다.

네 번째는 부모님을 위해서 바라밀 광명행을 하자는 것입니다. 우리들이 닦는 공덕이 우리의 공덕에만 그치는 것이 아닙니다. 우리들이 밝아졌을 때 우리 조상이 밝아집니다. 그 후손이 어두운 짓을 하면 그 조상도 또한 기쁠 수가 없습니다. 후손들이 밝은 행을 하고 부모님을 위해서 공덕을 닦아 드리고 좋은 일을 해 드리는 것입니다.

끝으로 공덕을 짓는 것 가운데서 강조하고 있는 것 하나가 경전을 중흥하라는 것입니다. 부처님의 법문을 널리 이웃에 전해 주라고 했습니다. 경전을 출판해서 널리 이웃에 많이 전해 주라고 했습니다. 이것이 바로 부모님의 은혜를 갚는 길이라고 했습니다. 자식이 밝아지면 그 집안이 한꺼번에 밝아지는 것입니다. 자식이 공덕을 지어서 부처님 앞에 큰 공덕을 닦으면 그 집안의 일문권속이 다 밝아지는 것입니다.

—— 효 공덕문을 열자

우란분재일에 부모님을 위해서, 조상님을 위해서 공양을 올리고 축원을 드리면 바로 그 본인의 현생 부모는 그 수가 백세에 이르며, 그리고 돌아가신 칠세 선망부모까지 이고득락(고에서 벗어나서 득락한다) 한다고 『우란분경』

에 나와 있습니다.

형제 여러분들은 다행히 불법을 만나서 우란분재일에 부처님 법문 잘 배워서 그동안 기도를 잘하며 오늘 회향하게 되었습니다. 참 다행스럽게 생각합니다. 오늘 효의 날이라고 할 수 있는 우란분재 날, 우리 마음에 새겨 둘 것이 있습니다.

그 하나는 '효는 큰 공덕의 문이다' 라고 부처님께서 말씀하셨는데, 이 공덕의 문을 우리 집안에서 항상 열고 있자는 것입니다. 내 대에서도 효가 행해져야 하겠지마는 내 후손, 내 후대, 우리 어린 것들에게도 효를 배우게 하고 효가 행해져야 합니다. 집안에서 효 교육이 잘 되어야 한다는 것입니다.

물론 학교 선생님이 많이들 가르쳐 주시지만 선생님의 힘만으로는 자손들이 효성스럽게 되기는 어렵습니다. 효는 부모님이 몸소 행해 보여야 합니다. 몸소 거짓없이 순진한 마음으로 모든 것을 바쳐서 지성으로 조상님을 생각하고, 부모님을 생각하고, 먼 데 계신 부모님을 공경하는 것을 진정으로 할 때 그것을 그대로 배우는 것입니다.

어린 것들은 부모가 하는 것을 배웁니다. 건성 건성 형식적으로 때우는 식으로 부모 섬기기를 했다면 아이들에 의해서 똑같은 것을 받을 것입니다. 배운 대로 할 테니까요.

효 교육은 부모가 설정해서 몸소 행해야 합니다. 아이들한테 '이렇게 하는 것이다' 하고 가르쳐 주는 것보다도 몸소 행해야 하는 것입니다. 진정을

다 바쳐서 행해야 합니다. 이렇게 될 때 그 집안에 공덕이 넘쳐 납니다. 이 효가 공덕의 문인데 지혜가 없어서 이 공덕을 모른다고 부처님께서 한탄하신 것처럼 집안이 효의 둔이 흘러가고 흘러가서 먼 미래의 후손에 이르기까지 이 효의 문이 활짝 열려져야겠습니다.

우리들은 오늘 부처님의 가르침을 받아서 살아계신 부모님, 그리고 이미 가신 조상님을 모실 뿐만 아니라 이웃의 부모님, 우리 겨레의 부모님, 나이 많은 어른들을 정말 잘 섬겨서 우리 땅 가득 효의 정신, 노인을 존경하는 정신이 넘쳐서 부처님이 이르신바 공덕이 이 땅 위에 꽃 피도록 노력해야겠습니다.

영가 천도, 그 궁금증

오늘은 선망 부모님과 그밖에 유주무주 일체 애혼들과 유연영가들을 천도하는 것에 대해 말씀드리겠습니다.

제일 먼저 알아두어야 할 것은, 우리가 육신이라는 생명을 버렸을 때 그것으로 종말이 되느냐? 하는 것입니다. 많은 분들이 그것으로 끝나지 않는다고 생각하고 있습니다. 종말이 되지 않는다 하면 그 다음 생이 어떻게 지속되느냐? 이에 대해서는 확신을 가지신 분들이 그렇게 많지 않습니다.

불법에 대해서 이해하시는 분들도 윤회를 믿지 않고 다음 생을 믿지 않는 분이 많이 있다고 들었습니다.

—— 중생차별은 어디에서 오는가

사람 마음의 바탕은 천 가지 차별로 움직이기 때문에 업을 받고 보를 느끼고 모든 곳으로 윤회를 하게 됩니다. 문제는 마음이 어느 정도 안정된 상태를 가지고 있느냐입니다. 그 상태가 천차만별이라 같은 형제들이 모여서 바라밀 염송을 하더라도 잡념 없이 깊은 안정과 선정력 가운데서 염송하시

는 분도 계시고, 그렇지 않고 온갖 잡념이 부글부글 끓는 가운데서 염송하시는 분도 계시고, 여러 가지 차별이 있을 것입니다.

근본적으로 같은 인간이라 하더라도 마음의 안정 정도, 선정력의 정도에 따라서 사람의 차별이 있듯이 중생차별도 벌어집니다. 그 가운데서 마음이 안정되고 깊은 삼매의 힘을 기를 때 그런 분은 천상에 태어나도 색계천 이상에 태어나고, 그밖에 대립감정이 없이 순한 마음을 가지고 있는 안정된 분들은 대개 욕계천에 태어납니다. 그리고 어느 정도 삼매의 안정된 힘과 항상 움직이는 어느 정도의 불안한 마음상태가 인간으로 나지 않나 생각합니다. 보다 거칠고 격한 감정을 서로 견제할 수 없을 정도로 흔들리는 마음상태에서는 또 그에 따르는 거친 중생계를 과보로 받게 됩니다.

이렇게 마음의 안정 정도에 따라 타고나는 세계에 각각 차이가 있다면 우리의 일상수행이 다음 생을 결정하는 데 중요한 요인이 된다는 것도 아실 것입니다.

── 천도의식이란 무엇인가

대개 천도의식을 할 때는 먼저 영을 청합니다. 영을 청할 때 하는 법문이 있는데 제가 지금 말씀드린 대목도 그 가운데 법문의 하나입니다.

"법성法性이라고 하는 진리의 본체성은 부처님의 본체성이나 우리의 본체성이나 근원적인 진리 자체는 하나인데 진리체성은 무명무상無名無相, 이름도 이를 수 없고 형상도 없다. 크게 고요하고 안정된 상태가 본래 이루어

져 있다. 누구나 대적삼매가 다 이루어져 있다. 다만 그것을 깨닫지 못하므로 자기의 본 생명이 부처님과 똑같이 안정된 대삼매 가운데 안정된 생명임을 믿지 못한 까닭에 마음이 천 가지 만 가지로 움직이고 흔들려서 과보를 받고 윤회를 하게 된다."

이렇게 한마디 일러주고 영가를 청합니다.

그리고 "이 자리에 임해서 법문을 들어라. 공양을 받들라. 기쁨을 거두시라." 그러한 법문과 법요식이 진행되는 것이 천도의식입니다.

하여튼 육체로 살고 있다는 것은 우리 인간이 육체가 전부라고 생각하기 쉽지만 육체는 하나의 의상입니다. 인간계에 태어나서 인간의 옷을 입고 나오는 것처럼 인간이라고 하는 육체의 옷을 입고 나옴으로써 인간이라고 하고, 그 옷을 바꾸게 되면 새 옷을 입은 존재로 바뀌는 것입니다.

어떤 옷을 입을 것인가. 마음이 얼마나 안정되고, 밝고 기쁘고, 안정되어 있느냐 하는 정도에 따라서 차이가 있습니다. 그래서 이 몸을 버린 후에도 자신이 있는 곳을 의심하지 않고 여기 있는 것처럼 사후에도 역시 그와 똑같습니다.

―― 조상과 하나의 생명으로 이어져 있는 생명줄기

각성覺性, 깨달음의 본성이 불멸의 불성임은 말할 것도 없고, 이는 미혹한 상태에서도 분명히 있다는 것을 거듭 말씀드립니다. 그 다음에 부처님이 일체를 갈무린 것처럼 그 일체 가운데 일체 중생이 들어 있습니다. 일체 국

토가 들어 있습니다. 일체 국토, 일체 중생이 부처님의 법성으로서 하나로 이루어진 것입니다. 즉 동일법성, 제가 항상 말하는 바라밀생명, 전체가 하나로 이루어져 있습니다.

다만 그것을 모르고 미혹하여 자기의식의 한도 내에서 자기를 인정하기 때문에 자기 한정을 해버립니다. 그래서 중생차별이 벌어지게 됩니다. 그러나 근본생명이 더불어 함께하고 있는 대생명임을 깨닫지 못하더라도 가까이 있는 형제들이나 한 가족, 한 혈족, 한 조상 사이에는 끊을 수 없는 깊은 연관을 가지고 있습니다.

제가 이 말씀을 드리는 것은 정신적으로 좀 흔들리고 있는 영들, 영이 아닌 사람들, 그것이 바탕이 되어 병적 증세를 가지고 있는 정신불안이라든가 정신허약증세라든가 노이로제 등, 그런 체제를 가지고 있는 사람들을 위해서입니다.

이런 분들은 한 사람으로서의 육체적인 조건이 원만하고 몸이 당차게 생겼는데도 정신적으로 불안해서 안정을 얻지 못하고 병적 증세가 심해서 학업을 중단하거나 휴직계를 내곤 합니다. 대개 이런 분들은 생명이 조상과 더불어 하나의 생명으로 이어져 있다는 결론에 도달했습니다.

그러니까 사람은 독립한 개체로서 존재할 뿐만 아니라 자기 조상님과 부모님과 먼 조상에서부터 이어져 내려오는 보이지 않는 생명의 줄기에 의해서 이어진 연속체입니다. 결코 독립해서 따로 떨어져 있지 않습니다.

흔히 우리의 육체가 부모를 떠나서 따로 있고, 조상을 떠나서 따로 있는 것처럼 생각되지만 보이지 않는 생명의 선은 공동의 선을 흐르고 있습니다. 그렇기 때문에 공동의 선 어느 부분이 억압되거나 중단되거나 막혔거나 그래서 공동의 생명선이 흐르지 않을 때는, 앞에서 말씀드렸듯이 몸은 굉장히 단단하고 건강한데 정신은 허약증세를 가져옵니다.

그런 사람은 대개 조상에 대해서 무관심하거나 등한히 하고, 제사를 안 모시고 그 조상이 의지했던 종교와는 다른 믿음을 가지고 있는 경우가 일반적입니다. 그런데 그렇게 된 것은 자기 자신뿐만 아니라 그 증세를 보이는 선대 아버지나 할아버지를 잘 모시지 못했을 때 그 대에서 증세가 나타나는 것이 아니고 그 후대에 나타납니다. 아버지나 할아버지가 조상님을 제대로 모시지 않고 외면하고 살았는데 그 손자대에 와서 그런 증세가 나타나거나 그럽니다.

저는 그런 예를 몇 번 보았기 때문에 조상님에 대해서 공경과 존경을 회복하라, 조상님에 대해서 감사하고 존경하고 조상님이 미혹한 상태에서 벗어나서 밝은 부처님 광명 가운데서 새롭게 힘을 얻어서 성장하시도록 기운을 드리고 천도를 드리라고 권합니다. 그렇게 했을 때 그 사람들이 회복됩니다.

우리 한 사람 한 사람은 따로 떨어져 있는 것 같아도 내면에 있는 실생명 자체는 우리 부모와 조상님, 먼 조상님과 더불어 이어져 있는 물줄기가 있다

는 점을 확인하였습니다. 그렇기 때문에 정신적인 허약증세를 보이는 사람들은 조상님을 공경하고 공양하고 천도하고, 조상님으로 하여금 밝은 국토에 태어나도록, 그리고 항상 크신 은혜에 감사하는 공양을 올릴 때 저절로 그 증세가 치유될 것입니다.

우리 조상님은 우리와 떨어진 먼 과거가 아닙니다. 나와 나의 후손에 이르기까지 계속해서 이어진 생명의 줄기가 있습니다. 이를 통해 생명의 힘이 넘쳐 오기 때문에 우리 육체생명과 정신생명은 더욱 왕성해지는 것입니다.

그러면 조상님께 어떻게 공양을 올리고 천도할 것인가? 우리가 일반적으로 할 수 있는 것은 독경입니다. 조상님을 위해서 독경하고, 우란분재 같은 때에 헌공을 하고 축원하여 올린다든가, 제삿날 잊지 않고 또한 염불 독경해 드린다든가, 공양을 올린다든가 하는 것입니다. 우선 독경에 관해서만 말씀드리겠습니다.

조상님을 위해서 독경할 때는 다들 잘 아는 바와 같이 경을 읽습니다. 경을 읽는 데는 독경공덕을 조상님에게 정성스럽게 회향하는 그런 의미도 있지만, 또 한 가지는 독경할 때에 조상님이 함께 임하셔서 그 자리에서 함께 염불 독경하는 그런 의미도 있습니다. 또는 그렇지 못하고 조상님이 전혀 불법을 모를 때에는 조상님이 이해하실 그런 법문도 하게 됩니다.

그래서 그럴 때는 아무리 불법을 잘 알더라도 어른 앞에서 아는 체하지

못하는 것처럼 절대로 오만한 자세를 가지면 안 됩니다. 설사 조상님이 불법을 모르고 자기가 불법을 환히 안다 하더라도 꼭 겸허한 마음으로 조상님에 대한 감사와 공경과 그리고 크신 은혜를 생각하는 그런 넓은 마음에서 독경을 하고 염불을 하고 그 공덕이 조상님에게 돌아가도록 축원합니다.

그리고 경을 읽되 반드시 자기가 아는 경을 읽어야 합니다. 반야심경을 외우더라도 그 의미를 모르겠거든 반야심경을 배워서 의미를 알고, 번역한 경전을 읽게 되면 자기도 저절로 알게 되고, 조상님들도 더욱 이해하기 쉽게 됩니다. 또 한 가지는 조상님이 직접 이해 못하신다 하더라도 독경한 공덕을 회향함으로써 조상님에게 밝은 공덕이 가게 됩니다.

독경을 할 때 주의할 또 한 가지 점은, 될 수 있는 대로 시간을 정해서 하는 것이 좋습니다. 아침시간으로 정하든 저녁시간으로 정하든, 시간을 정해 놓고 그 시간에 삼십 분이고 한 시간이고 독경을 합니다. 그리고 이 시간 외에 시간이 있어 독경을 하더라도 그밖에 한 것은 제쳐 놓고 정해 놓은 시간에 하는 것을 꼭 잊지 말아야 합니다. 그 이유는 독경할 때 먼저 그 조상을 청하고 그 조상을 위해서 축원하지만, 조상님에게 무질서하게 "아무 때나 오십시오. 독경공양 올립니다" 한다고 해서 조상들이 한가롭게 항상 대기하고 있는 것은 아니기 때문입니다. 그러니까 시간을 정해 놓은 다음 "이 시간에 독경하겠습니다" 하고 해야 합니다.

또 한 가지 병에 관계되는 얘기를 간단하게 말씀드리겠습니다.

원인 모를 병들, 즉 전간이나 소아마비 등의 병의 원인은 (일본에서 통계된 집계를 보니까) 일반적으로 자신이 믿던 종교를 바꾸었거나 종교를 믿다가 포기했다든가 종지를 바꾸었을 때 이런 병들이 오더라는 것입니다.

이것은 가장 정신적인 기초가 되는 신앙이 흔들리기 때문에 그 영향이 후손에게 미치지 않는가 생각합니다. 자기가 믿는 종교가 과연 조상님이 바라는 신앙인가를 돌이켜봐야 합니다.

다음에 또 한 가지는, 집에서 독경하고 천도할 때, 때로는 위패를 모시고 공양을 올릴 때가 있을 것입니다. 이때 자기 집안과 인연이 없는 영들을 청하거나 위패를 만들어 일시적이나마 공양을 올리는 분들도 있는데, 그 자비로운 마음은 좋으나 옹호성중들이 다 제도가 된 절에서는 몰라도 속가에서 할 경우에는 장난이 생깁니다.

일본에서 들어온 어떤 종교의 책임자로 있는 사람이 자기네 집에 신도들 위패를 모셔놓고 있으면서 저에게 건강문제로 상담을 하러 왔습니다. 가만히 얘기를 들어보니까 그럴 수밖에 없었습니다. 자기와 인연 없는 많은 영들을 초대한 것은 좋았는데 그 많은 영을 참으로 깨달음의 길로 인도할 수 있는 법력이 없었던 것입니다. 법력이 없기 때문에 소란스러운 것입니다. 자비심이 있어서 속가 집안에서 천도를 하고 공양을 올리더라도 인연이 없는 무연 영은 가정에 청하지 않는 것이 좋습니다. 하고 싶거든 우란분재일을 택해

절에 가서 해야 합니다.

—— 제사의 공덕

간혹 불자들로부터, 조상이 돌아가신 지 오래 됐는데도 제사를 지내고 축원을 하는 게 영험이 있는가 하는 말을 듣습니다. 제가 겪어본 경험으로는 육체를 버리고 속히 새 생명을 받는 경우도 있지만 그렇지 않고 수십 년을 방황하는 영가들도 있습니다.

제가 겪었던 영가 중에 부산에 사는 한 의사의 아버님이 있습니다. 그 영은 대략 30년은 방황했던 것 같습니다. 생전에 건달로 살던 분이었는데 한량으로 살았다고 했습니다. 한평생 돈 한 푼 없이 매일 술이나 마시고 태평세월을 살다가 돌아가실 때도 "그저 나 죽거든 술 한 잔만 떠 다오. 아무것도 안 바란다" 하는 유언을 남기고 가셨는데, 사후에도 방황하는 건달생활, 한량생활을 했던 모양입니다. 수십 년 후에도 괴로우니까 나중에 아들에게 빙의해서 아들이 병이 났습니다. 본인이 의사지만 병의 원인을 모르겠고 약을 먹어도 효과가 없으니까 기도하러 저를 찾아왔습니다. 그 아들을 통해 아버지의 영이 자기고백을 하고 같이 대답을 하게 되어 천도를 한 적이 있습니다.

그분의 경우는 관세음보살 이름은 알아도 염불도 잘 안하고 그저 알고 있는 정도로 구원받으려고 생각했는지 처음에는 "관세음보살을 불러도 소용없더라" 그런 소리를 하더군요. "그럴 리가 있느냐? 당신이 믿음이 약하

고 정신력이 허약해서 그러니까 여기서 함께 기도하고 축원하자." 그래서 영과 서로 합의가 되어 기도를 한 적이 있습니다.

하여튼 조상들이 돌아가셔서 시간이 비록 오래 됐다 하더라도 천도 못 받고 방황하는 경우도 있기 때문에 그런 분에게 제사지내는 것도 허망하지 않다는 것을 말씀드립니다.

그리고 제사상을 차리는 것에 대해서 영들이 어떤 관심을 가지고 있느냐 하는 것입니다. 대개 깨달음의 힘이 큰 고급 영들은 음식에 대해서 관심이 적습니다. 그러나 영들의 고백을 들어보면 돌아가신 후 초기에 닥쳐오는 제일 큰 고통은 불안입니다. 생각이 불안한 것, 그 다음이 시장한 것입니다. 그럴 것입니다. 육체를 자기로 삼고 육체에 의지해 살다가 육체로부터 떠나니까 혼란스러운 것입니다. 그래서 무엇이든 잡으려는 것입니다.

생명에 대한 집착력 때문에 길에서 죽으면 지방령이 되고, 나무에 매달려 죽으면 나무귀신이 된다는 것은 자기 생명에 대한 애착 때문입니다. 그리고 대개 돌아가신 후 얼마 안 되는 동안에는 육체생명을 가지고 있을 때 습관이 남아 있어 불안과 함께 시장기가 있다고 합니다. 그래서 공양을 차려드리는 것입니다. 그러나 깨달음을 이루신 고급 영들에게는 그리 큰 문제가 안됩니다. 제가 경험한 어떤 영의 경우는 자기 정도가 되면 시장기에 대해서 불편을 느끼지 않는다고 말하는 영도 있었습니다.

그리고 위패를 모셨거나 제사를 차렸거나 할 때, 자식으로서 정성껏 하면 됐지 뭐 실제로 드시는지 오시는지 누가 알게 뭐냐는 생각이 있는 사람들

도 혹 있으실지 모릅니다. 그러나 조상님은 반드시 거기에 와 계십니다. 비록 종이를 접어서 써 놓은 위패라 하더라도 그 위패가 영이 의지하고 있는 중심입니다. 혹 꽃 한 송이, 음식, 병풍 같은 것을 챙겨놓았다 하더라도 그곳은 영이 살고 있는 장엄도량입니다. 그렇기 때문에 소중히 해야지 함부로 하면 안 됩니다. 그곳에 어른이 임하셨다고 생각하고 존중해야 합니다.

제가 영에 대해서 관심을 갖게 된 직접적인 동기를 말씀드립니다. 부산 동래여고 3학년 여학생이 죽어서 천도를 할 때였습니다. 제가 절에 간 지 얼마 안 됐을 때의 이야기입니다. 제상을 차리고 병풍을 치고 위패를 만들고 하는 책임을 제가 하고 있었는데, 제를 지낼 때 병풍이 여러 개가 필요해서 그냥 그 여학생이 쓰던 병풍을 종종 쓰곤 했습니다. 그런데 그 여학생이 자기 어머니를 통해 "왜 내 병풍을 자꾸 가져가느냐" 하고 불평을 했다는 겁니다. 그래서 미안해서 제가 꽃을 몇 번 꺾어다가 그 영에게 사과하는 뜻으로 꽂아드렸던 기억이 있습니다. 벌써 사십 년 전 이야기입니다.

그래서 말씀드리는 것은 결코 제사지내고 영가를 위해 독경하고 천도하는 것이 허망한 일이 아니라 진실이다 하는 것입니다. 위패 틀에다 위패 하나 꽂아 놓고 병풍 하나 놓는 것도 모두가 영이 앉는 장엄도량이라는 것을 생각해서 소홀히 하지 마라는 말씀을 드립니다.

영가를 위해 독경할 때는 될 수 있으면 반야 계통의 경전을 읽어 드리면 좋습니다. 『금강경』이나 『반야심경』 같은 번역된 경전을 읽어 드리면 더욱 좋습니다. 왜냐하면 병으로 죽은 젊은 사람 같은 경우 육체가 없습니다. 육체가 없음에도 불구하고 병들었던 관념을 떠나지 못하는 경우가 있습니다. 그래서 "육체가 본래 없었다. 지금도 없다. 그렇거늘 어디 병이 붙을 여지가 있겠는가?" 이렇게 자기 생각을 돌이켜서 깨우치게 하는 도리가 반야심경 같은 경우 참 절실합니다. 그럴 때는 반야심경 같은 법문을 들려 주는 것이 좋을 것입니다.

제삿날에도 될 수 있으면 『금강경』이나 『반야심경』을 조상님 앞에서 한 편 읽어드리면 괜찮지 않겠는가 하고 권해 드립니다. 천도를 하더라도 이미 우리 조상님은 다른 곳에 태어났을 텐데 내가 염불하고 축원해 봐야 무슨 소용이 있겠는가 하는 분들도 계실 것입니다.

바른 영들은 이 몸을 받고 나서 이삼일이면 바로 자기가 태어날 곳으로 가는 경우도 있습니다. 그러나 그 외에는 일정한 기간의 안적기간을 거쳐서 세간적인 모든 것에 대한 반성을 하게 됩니다. 그 반성을 거치는 경우가 49일 걸립니다. 그리고 대개 그동안 나타난 마음상태, 그 업에 따라서 세상을 받아갑니다. 그렇지만 비록 다른 곳에 태어났다 하더라도 우리가 보기에는 천상이 멀고 지옥이 멀고 인간세계가 서로 멀고 불국토가 먼 듯이 보여도 불국토나 천상이나 지옥이나 아수라나 인간세계나 온 구족계 원래 진리에서

보면 일념, 한 생각이 벌어진 것입니다.

일심으로 일념으로 염할 때는 지옥에 가 있어도 통하고, 천상에 태어나도 인간으로 태어나도 그 사람에게 복이 갑니다. 온 우주의 실존인즉 일념이다, 일념즉하에 만유와 함께 통한다는 생각을 가지고 의심하지 않고 공경과 천도를 드렸으면 좋겠습니다.

—— 이교도도 천도되는가

그리고 하나 더 말씀드릴 것은 이교도도 천도되는가? 불법을 받아들이지 않았던 생전의 그런 사람이 죽은 후에 천도될 수 있는가? 가까운 우리 주변에는 불교 아닌 종교가 많습니다. 이교도라 해서 천도 안 되는 것이 아닙니다.

이교도라 하지 말고 똑같이 괴로움에 빠져 생의 길목에서 헤매고 있는 영이라고 생각하고 자비심을 가지고 정성을 다해서 독경하고 염불하고 축원해 주는 것이 좋습니다.

한번은 어떤 불자님이 친정 고모님의 천도를 청해온 적이 있었습니다. 친정은 철저한 기독교 집안이라 고모님도 기독교를 믿다가 돌아가셨대요. 그런데 자기만이 불교 믿는 집에 출가해 불교를 믿는데 고모님이 자신의 꿈에 자주 나타난다고 했습니다. 그리고 꿈에 고모님이 나타나면 불안하다는 것입니다. 그 고모님이 기독교를 철저히 믿으신 분이신데 어떻게 하면 좋으냐고 하면서 왔습니다.

그래서 "기독교 믿었다고 차별하지 마라. 그분도 지금 기독교 집안에서 생전을 닦았던 사람이고 또 지금은 어떻게 보은을 받음을 알고 불교를 믿는 조카한테 호소하는 것이 좋을 것이라고 생각해서 오는 것이다. 조카 된 도리뿐 아니라 그렇게 어려움에 빠진 사람을 불법 믿는 사람이 그냥두면 안 된다. 천도를 해주는 것이 좋다"고 말하고 제가 천도식을 했습니다. 한 번 천도식을 올린 것뿐이었는데 그 다음에 일체 꿈에 보이거나 불안한 것이 없어졌다는 애기를 전해 들었습니다.

불법에는 이교도가 따로 없습니다. 모든 사람이 똑같이 믿고 자비심을 가지고 공경심으로 천도하는 것이 좋습니다.

영가를 위한 법문

오늘 정토의 길을 나서는 불자○○ 영가여, 불자○○ 영가여,

어느 물건이 이와 같이 왔습니까?

능히 거래하고 분별하는 이 한 물건이 무엇인가, 말끔한 정신으로 한 순간 움직이지 않고 보아야 얻는 것입니다. 만약 알지 못한다면 약간의 주각註脚을 달아서 영가의 이해에 도움을 드리고자 합니다.

○○ 영가시여, 듣고 분별하며 오고가는 이 한 물건, 가장 가깝고 가장 분명하고 가장 영가 본분에게 친절한 이 한 도리. 영가는 돌이켜서 착안하시기를 바랍니다.

원래 이 물건은 남이 상관이 없는 것입니다. 육체로서 이 세상에 왔다고 하지마는 육체에 온 것이 상관이 없고, 육체에 이 몸 계절 다해서 옷 바꾼 것처럼 형상을 바꾸어도 이 한 물건은 또한 바뀌지 않습니다. 천만 번 몸을 바꾸고, 천만 번 형상을 바꾸고, 이름과 거처가 다르더라도 이 한 물건은 일찍이 변한 바가 없어 나되[生] 낳았다고 하는 것이 이 본분사에서 볼 것 같으면

빈 말입니다. 실이 없는 말입니다.

그리고 다시 이 몸 거두어서 이 땅 떠나 이 몸의 형상에 붙였던 이름이 아무리 분명하다 하더라도 실로는 간 바가 없습니다. 영가 본분, 이 한 물건은 오고 감에 상관이 없는 것입니다.

영가시여, 이 본분 일사에 깊이 착안하시기를 바랍니다. 몸이 흩어져도 영가 본분은 흩어진 바가 없습니다. 이 세상에 왔다 하지마는 일찍이 영가는 온 바가 없습니다. 오고 감에 상관이 없이 항상 뚜렷하고 분명한 것, 그렇다면 남이[生] 영가가 아니요, 죽어서 영가가 흩어졌다고 해서 영가가 흩어진 것이 아닙니다.

나고 죽는 것이 상관이 없는, 거래 왕복이 상관이 없는, 이것은 다만 실다운 것이 없는 이름이 있을 뿐입니다. 이 세간에서 통용되는 의상을 걸치고 오락가락 하는 데다 붙인 이름일 따름이지 실로 알맹이는 변함이 없는 것입니다.

영가시여, 이와 같이 오고감에 상관이 없고, 변화에 상관이 없고, 생사에 상관이 없어서 이 본분 한 물건은 일체 막힘 없이 툭 터져 있고, 일체에 막힘 없이 또한 함께 밝으며, 무엇에도 걸림 없이 홀로 빛나서 영겁으로 빛나는 광명일 뿐입니다.

그러기에 옛 성인들은 이르기를 호명독좌呼名獨坐 겁겁상존劫劫常存이라

고 일러왔습니다. 영가여, 이 한 물건 호명독좌해서 겁겁상존하는 영겁을 두고 변치 않는 이 한 물건에 지금 누가 가십니까. 이 도리는 들어 말할 수가 없는 것입니다.

이 도리는 말로 표현할 수 없다고 하는 것은 말은 생각이요, 생각은 개념화라, 개념은 상대적인 것이지만 이건 절대적인 것이기 때문에 알아들을 수가 없어도 영겁으로 항상 하라는 이 한 도리!

부처님께서도 그러기에 말씀으로 다 못하신다고 하셨고, 역대 조사도 서로 전하지 못한다고 하는 것입니다. 그렇지만 주고받고 하는 것이 없지마는 그것은 또한 일체에 분명해서, 어느 때나 분명해서, 어떠한 형상에서도 또한 변함이 없어서 사생 육도 어떠한 중생으로 태어났든, 어떠한 모습으로 어떠한 세계에 살고 있든 일체 중생이 변함이 없어, 모두가 스스로 이 한 물건이 구족한 것입니다. 누구에게나 한 물건이 누구에게나 동일자同一者입니다.

누구에게도 변함이 없이 본래 구족한 이 도리에 대해서는 무엇을 불러, 명상名相을 들어서 이름을 붙이고 말을 할 수가 없는 것입니다. 간다고 할 수 없고, 난다고 할 수 없고, 온다고 할 수 없고, 죽었다고 할 수 없고, 고와 낙과 예와 지금과 일체를 분별할 수 없는 것입니다.

영가에 있어 이와 같고 일체의 중생에 있어 이러하고 제불보살에 있어 또한 이와 같습니다.

영가시여, 여기쯤 생각이 오면 영가의 본분이 얼마나 청정하고 얼마나 절대적이며, 얼마나 말끔하며, 온 시방세계 일체 국토 일체 중생이 또한 안 팎 없이 지극히 청정하고 지극히 묘하다는 것을 영가는 짐작할 수 있을 것입 니다. 가히 이와 같은 영가의 본분 일착자一着者는 한량없는 불국토의 일체 청정이 끝없이 넘치고 있는 것이라. 불가사의 영묘한 위신력이 항상 일체에 넘쳐 있는 것이라.

영가시여, 이것은 닦아서 얻은 것이 아니요 미흡해서, 범부여서 잊어버 렸다가 다시 찾은 것도 아닙니다.

본래의 것, 이 땅에 오기 전이 그렇고, 이 땅에서 거두고, 이 땅에 살던, 이 땅의 이름을 버리고 이 땅의 옷을 벗어 던지더라도 또한 변치 않아서 영겁 을 두고 변치 않는 실물입니다.

가히 불가사의 영묘한 영가의 본분입니다. 이 한 물건은 누가 들어서, 일러주어서 새로이 얻는 것이 아니기 때문에, 언제나 어느 때나 본좌本座 구 족한 것이기 때문에 가히 말하는 것이 허물이 됩니다.

이 법사가 영가의 생존 있는 친족들, 효자가 와서 청을 하기에 인연이 있는 것을 알고 이 자리에 오르긴 했으나 이 한 물건 이 도리에 대해서는 가 히 말로 건드릴 수가 없습니다. 말로 무엇이라고 하는 것이 이게 허물입니 다. 허물인 것을 알면 허물 아닌 도리도 짐작할 수 있겠기에 이와 같이 말을 대신합니다.

그렇다면 ○○ 영가시여.

이제 이 시간에 이 세간에 명상名相을 떠나서 왕생하신다고 합니다. 청정 무량국토 청정 무량광명 가운데 자재한 본분을 착안하신 영가에 있어서 차차 차례 가는 것은 차치하고 현재 있는 것은 어떤 것입니까?

옛 스님들과 옛 성인들께서는 일진一眞 일불토一佛土라고 했습니다. 진진찰찰眞眞察察이 불국토라. 처처에 석가모니 부처님을 만날 것입니다.

○○ 영가여,

이제 이 본분 일사에 대해서는 더 허물을 범하지 않기로 하고 만약 영가가 여기에 착안이 부족하다고 하면 몇 가지의 주각註脚을 더 드리겠습니다.

영가시여, 실로 이 몸을 자기로 삼고, 이 물질로서 형상이 이루어지고 있는 이 세계 가운데서 보고 듣고, 주고 받고, 좋고 나쁘고, 얻고 잃고 하는 이 상대의 이 범부의 세간에서는 그것이 아무리 확고하고 분명하다 하더라도 실제로는 이름이 그런 것이고 우리의 관념과 의식이 그런 것뿐입니다. 실체가 그런 것이 아닙니다.

영가의 그 몸이 젊었을 때는 왕성하였지마는 이제 얻을 수가 없고, 영가가 보는바 이 세간 또한 왕성하게 견고해지는 것 같지마는 실은 왕성하게 무너져가고 있고 일체가 왕성이 쉬지 않고 변해가고 있는 것, 실로 허망한 것입니다.

영가시여, 거듭 이르노니 육체와 물질과 감각과 상대가 있는 일체 세간 그 모든 어떠한 이름으로 어떠한 이론으로 어떠한 사상으로 무장하였다 하더라도 실로는 '무無,' 없는 것입니다. 허망한 것입니다. 허망한 그림자를 보고 공통적인 인식 하에서 거기다가 이름을 붙이고 개념화된 임의 내용을 부가시켜서 존재라고 하지마는 실제로는 허무, 없는 것을 말합니다.

나는 것, 죽는 것 그것은 이 세간에서 살기 위해서 세간 복을 입은 것입니다. 산에 갈 때는 등산복을 입고, 물에 들어가자니 수영복을 입는 것처럼 인간계에 오자니 인간 옷으로 입은 것뿐입니다. 옷이 사람이 아니라 필요한 대에 따라서 입고 벗고 하는 것이 옷입니다.

이 세간에 살고 있던 그 모두는 옷과 같이 형상, 그것만이 보였기 때문에 그것만이 있다고 하지마는 그 모두는 뜬구름과 같이 허망하다고 하는 것을 영가는 여기서 착안하시기 바랍니다. 공허한 것입니다. 그렇기 때문에 옛 경전에는 공허라고 하였고, 환몽幻夢이라고 했습니다.

영가시여, 이 세간에 살고 있는 동안에 있었던 그 모두가 공허하고 환몽입니다. 영가여, 인식하고, 보고, 가치 지워지고, 집착하고 했던 그 모두는 곧 허한 환몽인 것입니다.

영가시여, 만약 그런 줄 아신다면 그 환몽을 두고 미움과 사랑과 애착 욕망이 어디 둘 데가 있습니까? 없는 것입니다. 증애憎愛와 원친遠親이 다 지

금 찾을 수 없듯이 실로 원래부터 없는 것이라, 없는 것을 있는 것으로 알고, 거기다가 여러 가지 관념을 붙이고 혹은 밉고, 혹은 사랑스럽고, 혹은 원망스럽고, 혹은 친하다고 하지마는 실로 없는 것입니다. 없는 것을 알았으면 다시 놓을 게 없지마는, 만약 그렇지 못하다면 없는 것을 이해하셔서 그 모두를 다 놓아 버리시기를, 다 비워 버리시기를 간절히 바랍니다.

이러할 때, 푸른 하늘에 구름이 사라지니 밝은 태양이 찬란히 빛나듯이 신령한 알음알이가 홀연히 나타나서 자자한 광명을 온 누리에 뿌리고 펼치고 있는 것을 영가는 느끼실 것입니다. 일체 거래에 자재하는 것을 영가는 아실 것입니다.

영가는 원래 생사를 뛰어넘고, 거래를 뛰어넘고, 대세를 뛰어넘고, 변화를 뛰어넘은 불멸의 궁극적인 실자實者라고 하는 사실이 이해가 가십니까?

그런데도 범부라고 하는 세간의 일반 사람들은 육체로 자기를 삼고, 망상 분별하고 일어나는 망령을 자기 마음이라고 하고, 그래서 몸을 집착하고 물질을 집착하고 혹은 인간관계를 집착하고, 그 사이에서 집착을 얻으면 기쁘고 잃으면 원망하고 온갖 영상을 붙여서 거기다 업을 짓습니다. 금생에 오기 전에 과거 생 일체 모든 사람들이 또한 영가와 함께 이와 같은 업을 지었습니다.

영가시여, 그 모두가 원래 없는 것임을 거듭 깨달아서, 없는 것을 집착했던 것을 깨달아서 가히 놓을 것도 없는 자리에 이르기를 바랍니다. 그리고

만약 그와 같이 이르지 못한다면 애착과 미움과 사랑과 그 모든 일체를 단번에 놓아 버려서, 만사를 다 쉬어서 밝은 하늘, 휘영청 밝은 달만이 외로이 밝은 것처럼, 밝고 청정한 본분을 회복하시기를 바랍니다.

만약 그와 같이 하지 못하겠거든 모름지기 이제까지 허망을 붙들고, 허물을 붙들고, 애착하고 원망하고 사랑하고 온갖 생각을 일으켰던 것을 돌이켜서 이제까지의 허물에 대해서 참회하시기 바랍니다.

부질없이 생각을 일으키고, 성내고 탐심을 내고 어리석은 생각도 했으며, 허망한 말도 했으며, 혹은 몸으로 온갖 진실하지 못한 행을 했습니다. 허무를 허무인 줄 보지 못했기 때문에 그랬던 것입니다. 이제 허무를 안 이 마당에는 그 모두를 돌이켜서 진심으로 참회해서 다생 동안 지은 바 죄업을 말끔히 쏟아버리시기를 바랍니다. 참회나 내 마음의 어둠 이것을 밝은 햇빛 앞에 드러내 놓는 것입니다. 부처님의 진리 광명 앞에, 자신의 본분 생명 앞에 드러내 놓는 것입니다. 밝음 앞에 사라지지 않는 어둠이 없듯이 영가 본분은 참회를 통해서 청정을 회복합니다.

그리고 일심으로 반야바라밀을 염하고, 아미타 세존을 염하고, 지장보살, 관세음보살, 대세지보살, 대중보살마하살, 수많은 성자를 염해서 크신 위신력 가운데 있는 영가를 다시 확인하시기를 바랍니다. 이 도리는 아미타 세존의 기나긴 서원에 의해서, 기나긴 수행에 의해서 이미 완성된 불국토입니다.

아미타 세존의 위신력으로, 아미타 세존의 국토에 나기를 원하는 일체

중생에게 문이 열려 있고, 그 모두를 아미타 세존의 위신력으로 왕생하게 하는 것입니다.

그러니 영가는 마음을 비워서 본자청정 도리에서 자재함은 모르거니와 그렇지 아니 하시다면 거듭 권하노니 다생간의 일체 집착, 애착 그 모두를 참회하고 비워서 아미타 세존의 대비원력에 의존하여 극락국토에 태어나기를 발원하고, 아미타 세존을 일심으로 염해서 아미타 세존의 위신력으로 왕생하시기를 바랍니다.

영가는 이것으로서 다생 동안의 윤회의 수레바퀴가 끝입니다. 윤회의 수레바퀴를 끊어버리고, 끊임없이 돌아가던 윤회를 멈추고 일체 윤회의 허망이 없는 아미타 세존의 극락국토에 왕생하게 됩니다.

아미타 세존의 광명스런 법문을 듣고 크게 깨달아서 유연 국토를 교화하셔서 온 시방 국토 위에 당신의 빛나는 큰 뜻을 이루게 되기를 거듭 바랍니다.

일심으로 아미타 세존을 염해서 아미타 세존의 위신력이 영가를 왕생하게 함을 확신하고, 심히 깊은 광명 속에서 자유를 누리고 또한 유연有緣중생을 제도하게 되기를 거듭 바랍니다. 이제 영가 왕생의 길을 떠남에 송행일구送行一句를 드리겠습니다.

영가시여, 이제 가십니다.

사바 · 번뇌망상 · 대립 · 유혹 · 증애 · 애착, 그 온갖 것이 우글거리는

이 땅 버리고 광명국토 아미타 세존의 극락세계에 가십니다. 이 감이 무엇이
런가.

　　수류 원재해 월락 불리천水流 源在海 月落 不離天이라.

　　물이 흐르되 원래 바다에 있고,

　　달이 지되 원래 하늘을 여의지 않았더라.

◤ "만인은 부처님으로서 존경받아야 될 사람들입니다" ◥

이계진_   우리가 인생의 보람은 어디에서 찾을 것인가 하는 것에 대해서 좋은 말씀을 듣기 위해, 불광사의 큰스님을 이 자리에 모셨습니다. 스님 안녕하세요. 저도 절에 다닙니다만, 스님께서는 원래 불교집안에서 태어나신 겁니까?

광덕 스님_ 불교를 알고 나니까, 불교 바깥에 있는 사람은 아무도 없기 때문에 만인은 불교 가운데 있다고 생각합니다. 그러나 한편으로 불교 안이라고 이름붙일 수 있는 뭔가 있다고 한다면, 저희 집안은 제가 출가할 무렵 모두 가톨릭이었습니다. 저도 성당에 나가고 있었고, 지금도 가족 중 많은 분들은 가톨릭 신자입니다.

이계진_   불교에 대해서 잘 모르는 시청자들도 많이 있을 텐데, 평범하고 쉬운 얘기들을 많이 해주셨으면 합니다. 먼저, 스님께선 가톨릭 집안에 태어나셔서 왜 그렇게 불교에 관심을 갖게 되셨는지 궁금합니다.

광덕 스님_ 저는 가톨릭이라고 하기에는 부끄럽게 신앙이 약했습니다. 제가

성당에 다닌 것은 어머님 뜻을 존중한다, 기쁘게 해드린다는 뜻이 더 많았던 것 같습니다. 하지만 차차 책 읽는 시간이 많아지니까 교회 나가는 시간이 줄게 되더군요. 어떻게 불교를 갖게 되었느냐 하는 것은, 너무 솔직히 털어놔서 부끄러운 내용이 됩니다만, 저는 솔직히 불교를 알고 절에 뛰어든 사람이 아닙니다.

책을 읽다가 건강에 무리가 와서 꼭 쉬지 않으면 안 되게 되었는데, 어떤 고마운 선생님이 권유하시기를 "남아男兒가 한번 뜻을 세워서 무엇을 하려거든 참선하는 선방에 한번 가봐라. 참선을 하든 안 하든 구경이라도 한번 해보고 그 환경 속에 잠시만 젖어봐도 다른 데서 얻지 못하는 것을 얻을 것이다"라고 하셨지요. 사실 저는 불교가 뭔지도 모르고, 더구나 선에 대해서는 더더욱 몰랐지요. 그때 나이가 스물넷인데, 한창 책 읽을 계획을 세우고 매일 그야말로 '독서업'에 종사하고 있던 시절인데, 용기가 안 나더군요.

그러나 건강상 책 읽을 형편은 못 되고 어차피 쉬어야 하는데, 용기를 얻어서 석 달을 작정하고 찾아간 곳이 부산 범어사였습니다. 그렇게 선방에서 공부하시는 걸 구경도 하고 설법도 듣고 하면서 차차 빠져 들게 된 것이 지금까지 이어지게 된 것 같습니다. 3개월을 작정하고 갔던 것인데, 가보니까 3개월이 지나도 해결 못 할 문제를 만났어요.

어떤 것인가 하면, 그 당시 누구나 젊은 시절에 모두 그런 의문들을 가지고 있었을 거라 생각되지만, '무엇이 진실인가,' '무엇이 정의인가,' '무엇이기에 나라고 하는 것에 대해서 복종을 요구하고 내 앞에 권위로서 대응

하느냐,' '그 정의와 진실의 궁극적인 것이 무엇이냐' 하는 것에 대해서 추궁하면서 살던 시절입니다.

그런데 선방에 와 보니까 바로 '인간'이라고 하는 문제를 규명하는 곳이에요. 그래서 '인간의 참모습이 무엇인가'를 파헤치고 거기서부터 우리가 일찍이 보지 못했던, 생각지도 못 했던, 생각으로는 알 수 없는 무한의 세계, 절대의 세계랄까, 말할 수 없는 세계가 있다는 것을 생활하는 가운데 짐작하게 되었습니다.

이혜진_ 그거야말로 몸으로 느낀 것이 아니겠어요? 누가 그런 의문을 제기해 준 것도 아닐 텐데요.

광덕 스님_ 선방에서는 새벽 3시에 일어나서 밤에 잘 때까지 추궁하는 문제가 있습니다. 그것을 선방에서는 '공안,' '화두'라고 그러는데, 그것은 각자가 가지고 있는 문젭니다. 그 문제를 깨뜨리면서 자기의 완전한 모습이 드러납니다. 자기 모습뿐만 아니라 일체 존재의 근원을 알아버립니다. '안다'고 하는 것은 지적인 해결이 아니라 바로 주체적으로 자기 것으로 파악되어 버립니다. 그렇게 생활하는 가운데 젖어 보니까, 내가 이제까지 알고 있던 '육체적인 나,' '감각적인 나,' '물질과 환경에 의해서 조건이 지어지는 나,' '환경에 적당히 적응해서 살아가는 나,' '요령껏 살면 이득이 있는 나,' 그런 '나'가 아닌 좀 더 '큰 나'가 있다는 것을 어렴풋이 짐작하게 되더군요.

이계진_   그 당시의 희열이 지금 스님 얼굴에 나타나는 것 같습니다.

광덕 스님_   희열이라기보다는 그 당시는 심각했습니다. 이제까지 보지도 못했던 '문'이 있어요. 이걸 열어야 했던 것입니다. 이 세계에 뛰어들어야 했던 것입니다. 그러니까 석 달이 지나도 돌아갈 줄을 몰랐습니다.

가끔 출가 동기를 묻는데 제게는 특별한 동기가 없습니다. 건강상 문제, 선생님의 권유도 있고 해서, 선방에 구경 갔다가 거기서 훌륭하신 지도자를 만나고 생활하는 가운데 새로운 세계, 인간이 범범한 인간이 아닌 위대한 세계가 있다는 것을 알게 되고, 이 문을 한번 열어봐야겠다, 물러설 수 없다 해서 그 생활을 한 것이 3년, 30년, 40년이 되어갑니다.

이계진_   집 생각은 아니 나시던가요?

광덕 스님_   '무엇이 진실이냐,' '무엇이 정의냐,' '마침내 궁극적인 나가 무엇이냐,' 이 문제를 파고 있던 사람이 그 문제를 해결할 수 있는 강까지 왔습니다. 그 강물에 뛰어들어가지 않을 수 없어 그렇게 살아온 거예요. 그러니까, 용단도 결단도 끊어야 할 애정도 없었어요. 저 자신을 돌아보면 그냥 책 읽는 습관 그대로 순순하게 살아왔어요. 옆도 뒤도 안 보고, 앞만 보고 그냥 뛰어온 거지요. 부끄럽게도 아직 별 경지도 얻지 못하면서도 제 삶을 돌이켜서 말한다면 이렇다고 말할 수 있습니다.

이계진_   공부를 하시는 데는 이끌어 주는 스승이 계시지 않겠습니까? 범

어사에서 출가하실 때, 어떤 분들의 가르침을 받으셨습니까?

광덕 스님_ 저는 지금 돌이켜보면 행복했습니다. 동산東山 큰스님이신데, 그 어른은 일찍이 보지 못한 훌륭하신 큰스님이세요. 정말 위대한 선장禪匠이십니다. 우선, 여기 계신 분들도 그렇게 생각하시겠지만, 소개장 하나 가지고 찾아오는 젊은이를 만나면, '무엇 때문에 왔느냐', '불법은 무엇이고, 선은 이런 것이다' 하고 가르쳐 주는 것이 상식이라고 생각하지 않겠습니까? 그 어른은 진짜를 가르쳐 주시더라고요. '어떤 것이 꿀이냐' 라고 물었을 때, 꿀은 맛은 달고 몇 도 이하에선 고체가 되고 몇 도 이상에선 액체가 된다거나, 맛은 사탕과 같다거나 하는 설명이 필요하지 않고, 입에다 꿀을 그냥 집어넣어 줘버리더라고요. 직접 보여 주시더라고요.

제가 찾아뵈었을 때, 인사를 드리니까, 첫마디가 "꿈속에 있을 때는 꿈이 너라고 하자, 생각이 있을 때는 생각이 너라고 하자. 꿈도 없고, 생각도 없을 때, 너는 뭐냐, 가져와 봐라." 그때만 해도 그 뜻을 몰랐습니다. 생각을 꾸며 대가지고 '내가 뭐냐, 내가 뭐냐' 온갖 이론을 다 구며내려고 했습니다. 생각으로는 되지 않습니다. 그때마다 쫓겨났습니다. 7일간을 그렇게 쫓겨났습니다.

이계진_ 처음 배우자고 온 사람한테….

광덕 스님_ 아닙니다. 그것이 가장 진실입니다. 무슨 말이냐 하면 지금 꿈에 대해서 설명을 하려 하면 그게 다 거짓입니다. 꿀을 일러주고자 하면 꿀을

입에 넣어 주는 것만 같지 못하고, 그렇게 해주는 것이 가장 친절한 방법입니다. 선禪은 인간의 근본적인 존재성, 우주의 근원적인 실재성을 주체적으로 파악하게 만듭니다. 그러니까 그 문제를 알게 하기 위해서 맞대면하자마자 들이댄 겁니다. '이게 꿀이다' 이런 식입니다. 그래서 일주일 동안 하루 한 번씩 인사를 드리고 쫓겨나곤 했습니다. 비참했지요. 그때만 해도 건방져서 세상에 안하무인으로 고개를 들고 다녔을 때입니다.

이계진_   책도 많이 읽으셨고….

광덕 스님_   많이 읽었다고 자랑은 못해도 어쨌든 의심을 두고는 안 살겠다고 하는 식으로 살던 시절이었고, 뜻도 있었지요. 하여튼 일제 강점기를 겪어낸 사람으로서는 다 똑같을 겁니다. 어떻게 하면 우리 조국이 다시는 이 치욕을 반복하지 않고, 세계를 이끌고 평화를 가꿔갈 수 있겠는가. 영예로운 조국의 모습을 회복시키고자 하는 원대한 야심이 있었는데, 그러니까 건방질 대로 건방졌었는데, 거기 와서 말을 할 수가 없어요. 모두들 생각 갖고 살지 않습니까? 그런데 생각도 없고, 꿈도 없고, 생각이 끊어졌을 때, 너 자신이 무엇이냐, 들이대라 하는데, 말이 소용없어요. 말은 생각이 아니냐, 말은 논리이자 개념의 조합이나 분석 내지 그런 이론의 전개인데, 그걸 가지고는 안 먹혀들어요.

이계진_   어떻게 통과하셨어요? 통과해야 받아들여지고 뭔가 가르침을 주

셨을 거 아니에요?

광덕 스님_ 비싼 수업료를 내야 합니다. 그게 '공안'입니다. 모르기 때문에 '이것이 무엇이냐?' 이겁니다. 생각도 없을 때, 너의 주인공, 생각으로 알 수 없는 것이로되 생각을 해야 합니다. 생각하는데, 생각을 이것이냐 저것이냐 하는 논리적인 분석과 종합과 온갖 사량분별을 해 가지고는 안 됩니다. 생각이 끊어져야 합니다. 생각을 하되 생각이 아닌, 생각이 아니면서 생각하는, 그것이 불교의 수도법 가운데 핵이라고 이르는 선禪의 방법입니다. 큰스님께서는 처음부터 실물을 가지고 저를 닦달하셨습니다. 일주일 만에 저도 한마디 할 말이 있을 것 같았죠. 그때는 나도 그 뜻을 몰랐거든요.

아침에 청소를 하고 들어가니, 그때는 큰스님께서 일정한 시간에 붓을 들고 쓰시는 게 있었습니다. 그때도 글을 쓰고 계셨습니다. 제가 절을 막 마치고 한마디 입을 벌리려고 하는 찰나에 붓을 딱 들고 눈앞에 확 들이대십니다. "일러라 일러." 말해라 이거예요. 저는 진땀이 확 났습니다. 너 말로 꾸며대서 이론으로 이러쿵저러쿵 하려는 것, 그것 가지고는 안 된다는 뜻입니다. 말과 이론 이전에 너의 생명 자체, 참으로 있는 것, 궁극적인 너의 생명을 생명이라고 하고 있는 그 물건 내놔라 이거예요. 저는 그 말 한마디에 완전히 깨져버렸어요. 쫓겨났어요.

'아, 내가 이제까지 생각으로 알려고 했구나. 이론으로 꾸며대려고 했구나. 그래서 집에 있는 책을 가져왔으면 책을 보고 해명을 했을 텐데 하는 생각까지 했구나.' 그때부터는 선방에 들어가서 참선공부를 했습니다. 한국

전쟁 나던 해, 그해에는 30년 동안 참선하는 스님들도 있었습니다만, 거기서 영예롭게도 한자리를 주셔서 거기 들어가서 참선을 하고 정말 '생각지도 않은 가운데 하는 생각'이라고 하는 것의 내용이 되는 참선생활을 하기 시작했던 것입니다.

이계진_ 동산 스님을 그렇게 만나서 수행의 길이 시작되셨군요. 뭔가 깨닫고, 불교가 무엇이고, 인생이 무엇인가, 선의 효과라고 할까요. 그런 것을 느끼고 알 만한 때가 된 것은 그로부터 몇 년이나 지나서였습니까?

광덕 스님_ 우선 제가 평범하게 세상을 살고, 욕망이나 채우다가, 혹은 세상의 명예나 낚다가, 혹은 실패하고, 이럭저럭 살다가 늙으면 죽는 것이다. 인생은 그런 것의 연속이라고 알고 있던 것이 깨져 버린, 그걸 넘어선, 위대한, 영원한, 보다 값있는, 보다 권능적인, 그야말로 물량 환경조건에 종속적인 그런 비속한 존재가 아닌 위대한 존재가 인간이라고 하는, 그런 뭔가가 있다는 것을 알아들었다는 것, 그것이 첫째 선의 효능이라고 해야겠지요.

석 달 이전에 그런 것이 있다고 믿게 되었다는 것만큼은 선의 효능이라고 생각합니다. 그렇지 않으면 제가 계획했던, 독서내용만 가지고는 어림도 없이 오래 걸렸을 테지만, 설사 책을 읽어 도전할 수 없는 세계입니다. 이론 이전의 세계이기 때문에, 그렇게 해서 인간이 가지는 불멸의 위대성을 발견하지는 못했더라도 우리가 가지는 것이 한계의 벽이고, 우리는 변화 가운데 있는 불안한 상황 속에 있는 것이고, 이것을 깰 수 있는, 그것을 넘어선 참 자기가 있다는 것을 알게 된 것은 선의 효용이라고 생각합니다.

또 한 가지는, 그것은 확정적으로 깨달아서 완전한, 참된, 자기 회복을 한, 진리회복을 한, 진리획득을 한 경지까지 가면 완성자라고 하겠지만 그런 완성체를 주체적 파악은 못했더라도 내가 그런 존재다, 만인이 그런 존재다, 역사는 그런 진리로 나가야 하는 것이다 하는 것을 알게만 되더라도 이는 선의 효용이라고 하고 싶습니다. 부끄럽게도 선이 지니는 효용의 전체를 취득한 분들의 설명과 말씀을 이해하는 정도밖에는 못 됩니다. 그렇지만 이 정도나마 내가 만나서 내 가슴속에 이 무한세계의 청풍이 불고 있다는 사실을 믿게 되었다는 것을 저는 감사하게 생각해요.

이제진_　수행과 공부는 끝이 없는 것 아니겠습니까? 광덕 스님께서 이제까지 느끼고 공부해 오신 것을 종합해 볼 때, 우리는 가끔 인과니 업보니 이런 말들을 하지 않습니까? 우리 인간 세상에 인과는 정말 있습니까? 어떻게 생각하십니까?

광덕 스님_　인因은 원인이고 과果는 결과를 얘기하지요. 그런데 사실 우리 한 사람 한 사람은 무한성을 내 안에 가지고 있습니다. 내 생명이 금강석 이상의 견고성과 광명성, 무한가치성을 지니고 있다는 것을 부정하더라도 그만입니다. 그러니까 호주머니 속에, 제 생명 속에 그것으로 있는 것은 누구나 같습니다.

그런데 이러한 절대성을 우리의 현실 속에 전개해 나가는 과정은 바르

게 전개하든 어둡게 전개하든 하나의 원인이라고 하는 적극적인 동작이 나오고 거기에 따른 결과가 나옵니다. 원인과 결과는 부정할래야 부정할 수도 없고 어디에나 있는 것입니다.

말하자면 물리의 법칙이나 인과같이 우리 생활에 있어서도 마찬가지입니다. 예컨대 우리가 어두운 마음을 일으키고 우울한 생각에 젖어 있을 때 그의 표정은 어두워지고 그의 몸 전체는 침체해집니다. 이것도 인(因)에 대한 과果입니다.

이재진_　그러나 가끔 나쁜 생각, 나쁜 짓을 한 사람도 좋은 결과가 올 때가 있거든요.

광덕 스님_　그렇지 않습니다. 하나의 인이 하나의 과를 가져오는 것은 무수한 연속성을 지니고 있습니다. 새로운 인이 과를 가져오고 과는 새로운 인이 되고, 그렇게 해서 무수한 과를 가져옵니다. 흔히 인과라고 하는 것을, 원인에서 인(因)이라고 하는 하나가 결정적으로 작용함으로써 과라고 하는 것이 숙명적으로 따르는 것이라고 생각하기가 쉽습니다.

그러나 사실 이 인(因)은 그런 의미보다는 우리가 뜻하는 바를 만들어 가는 무수한 창조의지의 설정이에요. 창조의지의 설정이라고 하는 인이 끊임없이 새로운 과를 가져옵니다. 그러니까 그 인이 참된 진리성인 인을 심느냐 하는 그 인에 따라서 과실이 영원합니다. 그러나 그렇지 않고 순간적인 만족을 위해서 앞뒤도 안 보고 저돌적인 행동을 했다고 한다면 과보도 즉시 다가

오게 됩니다. 그러면 그 파동도 계속해서 연달아 크게 옵니다.

이계진_　착한 일을 해야겠습니다.

광덕 스님_　그런 것보다도 인과는, 인因은 무수한 창조적인 원인이다, 우리는 끊임없이 새로운 인을 지음으로써 우리의 새로운 세계를 만들 수 있다는 의미로 인과의 의미가 파악됐으면 좋겠습니다.

이계진_　스님은 속세를 어떤 눈으로 보고 계십니까?

광덕 스님_　우리는 참 귀한 사람들입니다. 세간은 때묻고 죄 짓고 불안과 어둠 속에서 흔들리는 시간의 연속, 그것을 반복하는 그러한 어두운 세간을 생각할지도 모릅니다. 그러나 한 사람 한 사람 가슴속은 참으로 귀하고, 참으로 위대한 지혜와 덕성과 완전 조화를 이루는 원만한 아름다움을, 힘과 능력을 지니고 있습니다. 세간에서 어둡고 거친 일이 나타난다고 하더라도 그것은 사람들이 미혹해서 일시적으로 나타난 모습이고 그 본성 가운데는 언제나 진실과 아름다움을 구하고 원만과 평화를 구하고 그렇게 해서 참으로 완성된 자기발현을 추구해 가는 그런 사람들이라고 저는 보고 있습니다.

　　그렇기 때문에 세간 사람들은 인정받고 존중받아야 합니다. 그런데 사랑과 존경을 많은 사람들이 잊고 있지 않은가, 저는 그것을 회복해 주고 싶습니다.

이제진_　　기독교의 사랑, 유교의 인仁, 불교의 자비는 어떤 공통점이 있지 않겠습니까?

광덕 스님_　다른 성자들께서 말씀하신 것에 대해서 제가 말씀드리는 것은 좀 경망스러운 것 같습니다.

이제진_　　그럼 자비에 대해서 말씀해 주십시오.

광덕 스님_　자비는 인간이 가지고 있는 본래 생명의 체온입니다. 본래 생명은 육체에 갇힌 생명이 아닙니다. 한 사람 한 사람 모든 사람의 마음을 창구로 하고 있습니다. 그래서 본 생명은 영원성이며 무한성이며 절대적인 존재입니다. 그가 가지는 본래생명의 체온은 버릴 수가 없습니다. 조건이 있어서 주는 것이 아닙니다. 무한대로 무진장으로 그냥 주기만 하는 것이 불교의 자비입니다.

　자비를 행해서 성불하기를 바라거나 자비를 통해서 복되기를 바라면 복이 오고 성불을 하지만, 그런 것만 바라는 것이 아닙니다. 자비의 본질은 그와 같이 본체생명, 진실생명이 지니는 따뜻한 체온, 그것은 만인이 가지고 있는 것입니다.

　불교에서는 불성佛性이라고 합니다. 불성은 인간 본성, 부처님 성품이라고 하는 인간 본성이 만인 가슴 속에 피어나고 있는 모습들이에요. 누구든지 자비를 통해서 진리의 꽃이 피는 것입니다. 그러니 서로가 아끼고 키워 주어야겠어요.

이계진_　신도들이나 공부하는 스님들에게 설법하실 때 특히 강조하시는 말씀은 무엇입니까?

광덕 스님_　무엇보다도 각자가 자신을 갖고 긍지를 갖자는 것이지요. 우리가 겉으로는 범부고 환경조건에 종속적인 것 같아 보여도, 실제로는 그 모두를 뛰어넘은 위대한 불성의 주인공입니다. 불성은 부처님이 따로 쥐고 전능적으로 행사하고 있는 것이 아니라, 만인이 주인이 되어서 행사하기를 기다리고 있습니다. 그 전능적인 진리 속에서 살고 있다는 것을 스스로 믿고, 높은 긍지를 가지고 살아야 하지 않겠는가 하는 점입니다.

두 번째는 우리는 모든 환경조건을 통해서 근원적인 진리인 인간 생명에 깃든 무한절대성이라는 것을 생각해서 모든 환경조건과 사회체계를 통해서 이러한 진실하고 귀한 인간생명을 보호하고 돕고 키우고 여지없이 발휘시켜서 조화 있는 발전을 시키고자 하는 것이 사회적인 목표가 될 수밖에 없다. 우리 모두는 서로를 소중히 여기고 자기 긍지를 갖자는 것입니다. 그렇게 해서 정말 값있는 삶, 값있는 국토를 만들어야 하지 않겠는가 하는 점이 언제나 입버릇처럼 하는 얘기입니다.

또 한 가지는 인간이 가지는 영원성이라는 문제입니다. 나는 100년 살다 끝나는 생명이라는 생각을 버리자, 본래 생명은 보다 길다는 것입니다. 그렇게 해서 우리는 여유와 희망과 집념을 가지고 자신이 가진 무한성을 끊임없이 끌어내서 불국토를 실현한다고 할까, 서로 아끼고 사랑하고 진리를

꽃피우는 국토를 만들어야 하지 않을까 생각합니다.

이계진_ 불교도 각 나라마다 특성이 있게 마련인데 우리 불교는 어떤 특성을 가지고 있습니까?

광덕 스님_ 제가 말씀드리기는 외람된 부분이지만, 일차적으로는 자기완성, 자기의 순수청정을 확립해서 청정한 자기 힘을 끊임없이 사회와 역사에 헌신하라, 맹세코 일체 중생을 구한다, 역사 앞에 자기 생명 전체를 던져버리고 용해시켜버린다는 목표를 향해서 생을 살아가는, 자기완성을 위한 구도정신이 강하다는 점과 구세 구국정신이 강하다는 점이 한국불교의 특성이 아닐까 생각합니다.

이계진_ 요즘엔 어떤 일들을 하고 계십니까?

광덕 스님_ 불광법회를 시작한 지는 10년이 됐고 「불광」 잡지를 낸 지는 11년이 됩니다. 한 달에 여러 차례 모여서 수행하고 공부하는 모임도 갖고, 보육원의 어린이들을 돌아본다든가, 대학관계 일을 좀 참견한다든가, 그 밖의 불교관계 일들을 조금씩 손대고 있습니다만 지금은 좀 정돈을 해서 제가 하고 있는 일들을 잘 마무리하려고 하고 있습니다.

　무엇보다도 인간 개개인의 존귀성과 사회제도, 체제를 통한 인간 조건의 보장, 조국의 평화가 세계 속에서 이뤄진다고 하는 측면에서의 노력 등이 제가 지향할 길이 아닐까 합니다. 지금은 한 사람 한 사람의 가슴속에 진리

의 등불이 있다는 것을 일러주는 일에 시간을 바치고 있습니다.

이계진_　각覺사상을 많이 강조하신다는데 그것은 무엇입니까?

광덕 스님_　각은 깨달음인데, 인간은 본래 완성자라는 것입니다. 누구든지 완전무결한 진리성, 무한능력이 그대로 갖춰져 있는 완성자라는 것, 만인이 부처님이라는 것을 깨달으라는 것입니다. 깨닫는다는 것은 너 자신이 그렇다는 것을 승인하라는 것입니다. 너 자신이 못난 자가 아니고, 악한 자가 아니고, 불행한 자가 아니고, 너는 행복하고, 지혜 있고, 용기 있고, 성공할 사람으로서 이미 결정되어 있다는 것을 깨달아라, 확신해라, 스스로 너의 마음을 그렇게 가져라, 그렇게 깨달음으로써 그 다음에 행行이 나옵니다.

이계진_　일부러 성불하려고 할 필요 없이 깨닫기만 하면 됩니까?

광덕 스님_　깨달음이 성불成佛입니다. 본래는 이미 성불이 되어 있는 것이고, 만인이 부처님으로 존경받아야 될 사람들입니다. 남한테 존경받아야 할 뿐만 아니라 자기 스스로도 긍지를 가져야 합니다. 그렇게 믿고, 알고, 회향함으로써 완성의 길을 갑니다. 끊임없이 올바른 믿음과 회향을 통해서 그걸 실현해 가야죠. 만인은 모두가 부처입니다.

이계진_　우리는 원래 부처님과 같은 깨달은 사람들인데 그걸 알지 못하고 있다는 말씀이시죠.

광덕 스님_　예, 만인은 모두가 부처님입니다. 존경받고 대접받아야 할 사람들입니다.

이계진_　새해를 맞이하여 스님의 새해 소망을 듣고 싶습니다.

광덕 스님_　아침해 수평선에 떠오르는 찰나처럼 만인의 생명의 지평선에 진리의 태양은 눈부시게 타오르고 있습니다. 억겁 전에 빛나고 있었고 오늘 빛나고 있고 영원히 빛날 것입니다.

　우리의 새해는 우리 한 사람 한 사람이 이와 같은 진리의 주인공임을 마음속에 다져서 희망차고 활기차고 밝고 넓은 희망을 펼쳐 갔으면 하는 마음을 가짐으로써 우리의 한해가 더욱 밝아지고 우리의 역사는 더욱 크게 밝아질 것으로 믿습니다. 그렇게 되는 것이 소망입니다.

◉ 이 글은 1985년 KBS ‘11시에 만납시다’ 대담내용을 녹음, 불광편집부에서 정리한 것입니다.